Ética & Educação
Outra sensibilidade

COLEÇÃO
TEMAS & EDUCAÇÃO

Nadja Hermann

Ética & Educação
Outra sensibilidade

autêntica

Copyright © 2014 Nadja Hermann
Copyright © 2014 Autêntica Editora

Todos os direitos reservados pela Autêntica Editora. Nenhuma parte desta publicação poderá ser reproduzida, seja por meios mecânicos, eletrônicos, seja via cópia xerográfica, sem a autorização prévia da Editora.

COORDENAÇÃO DA COLEÇÃO TEMAS & EDUCAÇÃO
Alfredo Veiga-Neto

CONSELHO EDITORIAL
Alfredo Veiga-Neto (UFRGS), *Carlos Ernesto Noguera* (Univ. Pedagógica Nacional de Colombia), *Edla Eggert* (UNISINOS), *Jorge Ramos do Ó* (Universidade de Lisboa), *Júlio Groppa Aquino* (USP), *Luís Henrique Sommer* (UNISINOS), *Margareth Rago* (UNICAMP), *Rosa Bueno Fischer* (UFRGS), *Sílvio D. Gallo* (UNICAMP)

EDITORA RESPONSÁVEL
Rejane Dias

REVISÃO
Roberta Martins
Lívia Martins

CAPA
Alberto Bittencourt

DIAGRAMAÇÃO
Jairo Alvarenga Fonseca

Dados Internacionais de Catalogação na Publicação (CIP)
(Câmara Brasileira do Livro, SP, Brasil)

Hermann, Nadja
  Ética & educação : outra sensibilidade / Nadja Hermann. –
1. ed. – Belo Horizonte : Autêntica Editora, 2014. – (Coleção Temas
& Educação)

ISBN 978-85-8217-433-3

1. Educação - Filosofia 2. Ética I. Título. II. Série.

14-06867   CDD-370.1

Índices para catálogo sistemático:
1. Educação : Filosofia   370.1

GRUPO **AUTÊNTICA**

Belo Horizonte
Rua Aimorés, 981, 8º andar . Funcionários
30140-071 . Belo Horizonte . MG
Tel.: (55 31) 3214 5700

São Paulo
Av. Paulista, 2.073, Conjunto Nacional,
Horsa I . 23º andar, Conj. 2301 . Cerqueira
César . 01311-940 . São Paulo . SP
Tel.: (55 11) 3034 4468

Televendas: 0800 283 13 22
www.autenticaeditora.com.br

A verdade essencial
é o desconhecido que me habita
e a cada amanhecer me dá um soco.

Por ele sou também observado
com ironia, desprezo, incompreensão.

E assim vivemos, se ao confronto se
chama viver,
unidos, impossibilitados de desligamento,
acomodados, adversos, roídos
de infernal curiosidade.

Carlos Drummond de Andrade, *O outro*

Sou tu quando
sou eu.

Paul Celan, *Elogio da distância*

AGRADECIMENTOS

Esta pesquisa foi desenvolvida com Bolsa de Produtividade concedida pelo Conselho Nacional de Desenvolvimento Científico e Tecnológico (CNPq). Agradeço pelo apoio, indispensável para a realização da investigação.

Agradeço a Luiz Carlos Bombassaro pela leitura atenta dos originais e pelas inquietantes perguntas.

Sumário

Prólogo
Espectros do outro 11

Introdução
A pergunta pela ética na educação
e a relação com o outro 15

**Capítulo 1 – O tema do outro:
desenredando as questões** 27
Etimologia, esclarecimentos conceituais
e outras aproximações 27
Breve genealogia sobre o outro 38
Excurso sobre a base evolutiva
da moralidade e a empatia pelo outro 54

**Capítulo 2 – O aparecimento do outro
no cenário filosófico moderno** 63
Arthur Schopenhauer:
o outro na compaixão 65
Friedrich Nietzsche: o corpo como outro 73

Capítulo 3 – Uma fenomenologia do outro .. 81

**Capítulo 4 – O debate sobre o outro
na ética contemporânea** 91
Habermas: o outro na intersubjetividade 92
Derrida: o outro na desconstrução 107

Capítulo 5 – A abertura ao outro 121

A experiência estética e o
desvelamento do outro 122

O diálogo e a relevância
das condições intersubjetivas 144

Epílogo

Pode a educação fazer justiça
à singularidade do outro?........................153

Referências 162

PRÓLOGO

ESPECTROS DO OUTRO

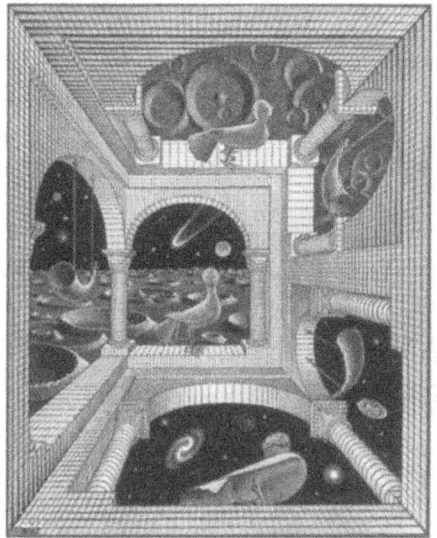

Other world/Outro mundo (1947),
M. C. Escher (1898-1972)

A respeito desta obra, seu criador, o artista gráfico Maurits Cornelis Escher (1898-1972), assim se pronuncia:

> Esta gravura é a primeira de uma série que ilustra a relatividade da função de um plano como tema principal. Ela mostra o interior de uma estrutura cúbica. Em suas paredes, as janelas em arco abrem para três paisagens diferentes. Através do par de janelas da parte superior do cubo, avista-se o solo de uma perspectiva íngreme. As janelas centrais estão à altura dos olhos do observador e mostram o horizonte, e através das janelas na parte inferior veem-se as estrelas do alto. Pode parecer absurdo reunir o nadir, o horizonte e

o zênite em uma construção e, ainda assim, obter um todo lógico. Cada função que atribuímos a um plano deste edifício é relativa. O pano de fundo na parte central da imagem, por exemplo, exerce três funções: serve de parede em relação ao horizonte por trás dele; serve de piso em relação ao ponto de vista do alto, e de teto em relação ao ponto de vista de quem olha para cima, para o céu estrelado (Escher, 2010, p. 134).

O que pode parecer um absurdo deve-se justamente à imaginação lúdica do artista, que rompe com o habitual e propõe uma estrutura paradoxal, indicando o jogo entre ficção e realidade até que ambas se confundam uma na outra. A apresentação de um "outro mundo" traz uma radical estranheza, que nos surpreende. Essa surpresa de outro modo de ser provoca vertigem, confronta-nos com algo desconhecido e é aqui invocada como prólogo para demarcar o outro na ética, que se tornou mais contemporaneamente um tema ineludível. A herança metafísica compreende esse tema a partir da identidade do ser e tende a desconhecer aquilo que causa estranheza, até mesmo a excluir o que não se ajusta às estruturas de reconhecimento. Desse modo, cria amarras que dificultam uma dialética entre a identidade de si e o outro, em que o mesmo e o próprio possam estar impregnados pelo outro e pelo estranho. Há uma espécie de abismo metafísico entre o eu e o outro.

Profundamente influenciada pelos dualismos presentes na herança metafísica, tais como corpo e alma, razão e desrazão, civilização e barbárie, a educação tende a ver o outro como tudo o que se opõe às idealizações: o bárbaro, o selvagem, o infiel. Transpõe, tanto para o cotidiano como para o âmbito das especialidades científicas e também para o âmbito cultural, o peso interpretativo dessas oposições e influencia nossa compreensão, como se pode observar no educando que facilmente é identificado como o desviado, o desadaptado, o desobediente, o hiperativo, etc. Por trás dessas classificações há uma herança que deixa vestígios e que mantém uma íntima relação com a ética e suas bases fundadoras, sobretudo na dificuldade em reconhecer algo de estranho no cosmos, na razão, na cultura ou em nós mesmos. Nem sempre nossa experiência ética é orientada pela pretendida clareza do entendimento e pela autodeterminação individual, pois é o outro que nos atrai, nos perturba e nos convoca a acolhê-lo. Tornamo-nos quem somos pela resposta a essa convocação e também somos, muitas vezes, surpreendidos pelo outro que nos habita. Assim, a própria ética se constitui nas complexas respostas produzidas pela interação com o outro.

Este livro pretende contribuir com o esclarecimento do outro para uma ética em educação, enfrentando as ambivalências geradas na relação com a alteridade, de modo mais ajustado à pluralidade do mundo contemporâneo e ao processo formativo, que só se constitui porque há um outro. Pretende-se, então, oferecer um marco categorial que possibilite à educação retomar a questão ética da alteridade, em que o outro possa ser reconhecido no seu movimento constitutivo, e dar visibilidade às exigências de um processo formativo que considere a diferença e a singularidade.

INTRODUÇÃO

A PERGUNTA PELA ÉTICA NA EDUCAÇÃO E A RELAÇÃO COM O OUTRO

> *Quem, em nome do universalismo, exclui o Outro, que tem o direito a* permanecer *um estranho em relação aos outros, atraiçoa os seus próprios princípios.*
>
> Jürgen Habermas, *Comentários à ética do discurso*

Este livro investiga o significado do outro para a ética e suas repercussões para a educação. O tema da ética me acompanha, teimosamente, há longo tempo, e tem como pano de fundo o juízo heideggeriano de que uma preocupação dessa ordem hoje evidencia mais uma ausência de pensamento ético do que um retorno a ele (cf. HODGE, 1995, p. 51). Ou seja, o problema não se põe porque outrora, supostamente, teríamos vivido momentos mais éticos e os perdemos. Antes disso, uma adequada contextualização da questão ética, em geral, e do outro, em particular, sugere ainda falta de clareza, conflito de normas e princípios, ausência de reconhecimento e consequente desresponsabilização pela condução do trabalho formativo. Nesse sentido, minha persistência numa investigação ética provém de um olhar atento à questão educacional brasileira. Estamos a tal ponto obliterados pela ideia monolítica de que a educação se resolve no plano das competências e do desenvolvimento tecnológico, que qualquer investigação que extrapole os estreitos limites de um caráter instrumental é subestimada. À pesquisa em filosofia da educação cabe justamente compreender o sentido da educação e sua relação com as questões normativas e éticas e justificar as pretensões de validade de determinadas orientações.

Uma das perguntas que mais evidencia o problema da validade da ação educativa pode ser assim formulada: como o homem sabe o que é correto para si e também para os outros?[1] Dizer o que é correto não é algo simples. Mesmo quando sabemos para nós, daí não decorre que saibamos para os outros. Além disso, uma retidão do agir ou do juízo moral não está disponível como se fora algo eterno – antes disso, é fruto de debate histórico e de longas lutas espirituais. A pergunta revela a dificuldade de darmos um conteúdo ao que se entende por correto. Essa dificuldade aparece por inteiro na ação pedagógica, na qual um educador media alguém no desenvolvimento de suas próprias capacidades (e aí entra em jogo o que são capacidades, como orientá-las, etc.). Ao realizar essa ação, o educador se envolve numa espécie de relação de poder, porque intervém sobre o outro e tem responsabilidade pela orientação valorativa com que conduz esse processo, incluindo aí toda a amplitude de relações com o outro, desde sua negação até o reconhecimento.

A questão do outro interpela a educação, especialmente porque as normas e princípios universais, pela sua pretensa abrangência, têm dificuldade em se deixar mesclar pelo estranho, incluir o singular e tudo aquilo que escapa às regularidades. Daí a pergunta: se é possível uma regra que tenha universalidade e atenda, ao mesmo tempo, às singularidades do outro, o que expõe o caráter tensional entre universal e singular? A

---

[1] Conforme a introdução da obra de Schäfer (2005, p. 7 ss).

relevância dessa questão está associada à validade da educação, ou seja, ela só pode ser legítima se justificar determinado modo de relação moral (SCHÄFER, 2005, p. 12). Poderíamos também dizer: como se justifica a ação pedagógica para que seja válida, para que não se torne uma ação sem sentido ou violenta? Isso se circunscreve no âmbito da filosofia prática, que busca critérios para se aceitar "algo" como correto e justificar nossas decisões morais. A filosofia prática, especialmente a ética aristotélica, o utilitarismo e a teoria moral de Kant procuram justificar nossas ações. Kant fundamentou uma ética do dever em que o sujeito se dá a própria lei e, mesmo sem desprezar a influência de outros enfoques teóricos, a compatibilidade entre o conceito de autonomia e as expectativas educacionais da modernidade é um dos motivos da forte penetração de suas ideias[2] na educação. Mas a rigidez da ética kantiana não permite reconhecer que o cumprimento do dever pode trazer incoerência de princípios, que se contradizem de forma inaceitável. Na introdução à *Metafísica dos costumes*, ele afirma que não há conflito de deveres, pois

> [...] dever e obrigação são conceitos que expressam a necessidade prática objetiva de certas ações, e duas regras opostas não podem ser necessárias ao mesmo tempo; se é dever agir de acordo com uma regra, agir de acordo com a regra oposta não é dever, mas contrário ao dever. Por conseguinte,

---

[2] Além de Kant ter influenciado decisivamente a história da filosofia moderna, sua importância para a educação é também expressiva. Ver sua influência em pedagogos como Pestalozzi e Fröbel, em Cambi, *História da pedagogia*. No século XX, Jean Piaget penetrou intensamente o pensamento educacional brasileiro, sobretudo com o conceito de autonomia moral, tributário da teoria kantiana. Ver Piaget, *O julgamento moral na criança*.

a colisão de deveres e obrigações é inconcebível (*obligationes non colliduntur*). Contudo, o sujeito pode ter uma regra que prescreva duas razões de obrigação (*rationes obligandi*), sendo que uma ou outra dessas razões é inadequada para obrigar ao dever (*rationes obligandi non obligantes*). Quando duas razões desse tipo se opõem entre si, a filosofia prática não diz que prevaleça a obrigação mais forte, mas que prevaleça a razão mais forte para a obrigação (KANT, 1993, v. VIII, p. 330).[3]

Essa pretensão de harmonizar todas as regras num sistema de crenças e valores minimiza o conflito e, de certa forma, bloqueia nossa sensibilidade ao estranho, restringindo as possibilidades de abertura de nossa mentalidade. O outro já não se faz sentir, já não se viabiliza exigência alguma, apenas negação. A decisão pelo dever torna a ética insensível às particularidades das situações em que se dão os conflitos práticos. Afasta inclusive o transitório, a ambiguidade e a própria corporeidade, pois somos livres só quando nos libertamos de nós mesmos e de tudo o que perturba o mandato do dever.

Como o outro aparece nessa situação? Seriam nossas ações livres do egoísmo? A aplicação da lei é sensível à singularidade do outro? Como é possível a relação com o outro? As críticas metodológicas às teorias da representação indicam que os problemas com a alteridade decorrem da própria estrutura da subjetividade, que tudo pensa a partir de si mesma. De acordo com Depraz: "Até na teoria do respeito, o eu transcendental experimenta o respeito pela *lei moral* que está dentro dele, condição transcendental

---

[3] A tradução dos textos em alemão, inglês e espanhol são de responsabilidade da autora.

do respeito por outrem: o outro também aí, não é o outrem, o absoluto interno de moralidade que me ultrapassa, a mim, ser finito, submetido a meus desejos e minhas inclinações" (Depraz, 2003, p. 274).

Segundo Honneth, a teoria de Kant, que entende por moral o respeito a todos e seus interesses de forma equitativa, resulta numa formulação "estreita demais para que se possam incluir todos os aspectos que constituem o objetivo de um reconhecimento (do outro, NH) não distorcido e ilimitado" (Honneth, 2003a, p. 269). Que a moralidade não seria resultado da ação racional, como queria Kant, é o que apontaram muitos filósofos depois de Hegel, como Schopenhauer e Nietzsche, numa linha de argumentação em que pesam os elementos assim chamados "não racionais", ou seja, elementos da vontade, irredutíveis ao racional, que movem o homem. O idealismo e o racionalismo sofrem certas restrições na perspectiva de que a filosofia não é mais um sistema lúcido da razão. Passa-se, então, a dar lugar à imanência, aos dramas humanos, em toda a sua singularidade. Por isso, segundo Schäfer (2005, p. 13), as normas com validade universal enfrentam outros problemas. O que elas significam numa ação concreta, em diferentes situações? Essa dificuldade de situar as normas em um determinado contexto deve-se ao seu caráter excessivamente abstrato, incapaz de ser sensível às peculiaridades de cada circunstância e com dificuldades no reconhecimento do outro. Essa situação traz no seu bojo um problema paradoxal, que seria como educar para incorporar um mundo comum e inserir os alunos numa sociabilidade, deixando aberto o espaço para a constante criação de novas normas que acolhessem a singularidade do outro.

Como lembra Habermas, "desde Schiller, a rigidez da ética kantiana do dever tem sido corretamente criticada" (Habermas, 1991, p. 136). A partir do século XIX, sobretudo, a crença num fundamento racional, que asseguraria a norma universal, foi submetida a uma série de questionamentos no âmbito de diferentes teorias filosóficas. São conhecidas as críticas feitas por Nietzsche, Adorno, Foucault, entre outros, que mostram os limites da nossa racionalidade e que, por trás de uma aparência enganadora de emancipação moral, a modernidade aperfeiçoa técnicas e procedimentos pelos quais o sujeito é esquadrinhado e uniformizado. As ideias desses autores, a despeito das diferentes abordagens teóricas, convergem no sentido de denunciar o quanto a razão tende à dominação, trazendo a suspeita de sua imparcialidade no cumprimento do dever moral. O impulso cognitivo da metafísica, que reafirma nosso incessante desejo de tudo conhecer, em consonância com nossas categorias, se autocompreende em sua limitação e expõe que, mesmo em justificações éticas universalistas, há a persistência de elementos que subjugam o outro, criando um doloroso esclarecimento a respeito do caráter restritivo de certas categorias conceituais. Há, portanto, uma facticidade intransponível que não mais se ajusta a um saber absoluto. Na medida em que são expostos tais limites, reafirma-se cada vez mais o caráter excessivamente abstrato dos princípios universais, incapazes de articular a diferença e aquilo que escapa aos nossos processos de identificação, porque, na tradição moderna, a autoafirmação da subjetividade implica dominar a diferença e desconsiderar a alteridade. Assim, as questões éticas, a partir de um princípio formal, tendem a descuidar do outro na sua situação concreta e na sua biografia.

De acordo com Schäfer (2005), os problemas que a teoria educativa enfrenta em relação à justificação ética situam-se num contexto histórico, e só numa perspectiva histórica podem ser compreendidos. Em outro tempo e em outra cultura teríamos outros problemas e respostas diferenciadas. Isso significa que as problematizações éticas na educação são produzidas no âmbito de uma autocompreensão humana, própria da modernidade, cujo fundamento refere-se ao sujeito racional, responsável por si mesmo, de modo incondicionado. A ação pedagógica, no horizonte em que situa suas expectativas, gera situações paradoxais entre a intencionalidade da ação pedagógica conduzida pelo professor e a exigência de uma ação livre e responsável por parte do educando. Se problemas se interpõem à realização dessas reivindicações, não se pode simplesmente renunciar ou trocar esse entendimento por outro supostamente não problemático.

É nessa perspectiva que a questão ética em educação não só não pode ser abandonada como deve enfrentar os problemas que surgem e arriscar pensar alternativas. Um dos problemas mais expressivos, que está a exigir esforços do pensamento ético, refere-se à questão do outro, que não se constituiu em problema central para os gregos, nem para o medievo, tampouco para as grandes correntes da ética moderna, mas adquiriu um *topos* diferenciado a partir do início do século XX. Quem procura integrar elementos de uma justificação ética com a singularidade do outro – sem abandonar as exigências de universalidade, como sugere Habermas – não pode desconsiderar o significado do outro na constituição da própria subjetividade nem operar com modelos que provocam o desaparecimento da alteridade; tampouco se pode desconsiderar as implicações de tais interpretações para a ação educativa. Nesse sentido, este livro pretende deter-se na questão do outro e em suas relações com a subjetividade no processo formativo, na tentativa de compreender se é possível atender à singularidade do outro diante de um mundo normatizado.

Para atender tais expectativas, a investigação precisa recorrer a uma abordagem metodológica adequada ao problema. Um questionamento sobre o outro requer uma "peculiar lógica de resposta" (WALDENFELS, 2007), que considere a singularidade e inevitabilidade do outro como um acontecer, de modo a ultrapassar os limites das abordagens tradicionais. Nessa perspectiva, cabe desenvolver uma fenomenologia e uma hermenêutica do outro que o interprete como experiência, para que se desprenda do pensamento da identidade e possa expor a complexidade do tema.

A fenomenologia mostra aquilo que não se manifesta, mas que tem sentido. Nessa perspectiva, afirma Heidegger: "A expressão 'fenomenologia' diz, antes de tudo, um *conceito de método*. Não caracteriza a quididade real dos objetos da investigação filosófica, mas o seu *modo*, como eles o são" (HEIDEGGER, 1995b, p. 57). Trata-se ainda, nos termos de Heidegger, de ir "às coisas em si mesmas". Assim, a fenomenologia abre espaço para compreender que a experiência do outro não começa a partir de nossas intenções ou de nossa consciência, mas se dá na historicidade. A recuperação do elemento "perdido e encoberto" da fenomenologia heideggeriana é retrabalhada na hermenêutica de Gadamer, uma teoria da compreensão que antecede o pensamento objetivante e que se encontra diante "do desafio do incompreendido e do incompreensível" – e, por isso, é conduzida ao "questionamento e obrigada a compreender" (GADAMER, 1999e, v. 10, p. 63). Com a hermenêutica filosófica, a pesquisa busca o sentido da alteridade, de modo a apreender a historicidade do conceito do outro no seu movimento constitutivo, demarcando seu aparecimento no cenário filosófico e sua relação com algumas abordagens pela ética contemporânea.

Ao desenvolver esta investigação, nos defrontamos com uma importante consequência metodológica da tematização da alteridade para a ética em educação, que é a questão da singularidade do outro. O reconhecimento dessa situação, antes de desconsiderar sua complexidade, pode auxiliar a enfrentar o paradoxo que se estabelece entre o inapreensível e a necessidade de uma abertura a esse outro, se não quisermos ficar apenas no plano da lógica, mas analisar as inevitáveis consequências éticas que daí decorrem. Desse modo, a pesquisa investiga a possibilidade de aproximação ao outro por meio de duas categorias que possuem afinidades com o processo formativo: a experiência estética e o diálogo. Essas categorias se tornam visíveis pela abordagem fenomenológica e hermenêutica.

Experiência estética

Honneth argumenta, a partir de Stephen White, que a ética da ação (e do dever) tende a ser acompanhada de uma "redução categorial do campo da realidade; porque, com a pressão de agir de maneira moralmente adequada e 'responsável', já não é possível apreender com sua diversificação interna nem a outra pessoa nem ao mundo inteiro" (2009, p. 164). Uma das questões relevantes para a ética contemporânea é, então, a ampliação da consideração ao outro, de forma a não percebê-lo só como objeto de dever, mas abrirmo-nos às diferenciações e peculiaridades da pessoa. A orientação normativa deve levar em consideração as particularidades dos indivíduos concretos. Tal postulado exige uma abertura para vivências que não se estruturam apenas pela dimensão cognitiva dada por orientações normativas; ao contrário, envolve a sensibilidade e as emoções, as forças vitais, a liberação da imaginação e da corporeidade. Isto articula a dimensão estética[4] que possibilita momentos privilegiados de confronto de nossas crenças, emoções e desejos e nos convida a fazer um movimento em direção ao outro – sobretudo porque a experiência estética atua sobre nossas rígidas estruturas de apropriação, articula-se com as emoções, desvela o estranho e possibilita que o outro aconteça. A orientação moral, voltada para dispensar um tratamento igual, requer aplicação de normas com sensibilidade em cada contexto. Nessa perspectiva, pretende-se interpretar as possibilidades da experiência estética para desbloquear nossas limitações interpretativas em relação ao outro e nos dispor a produzir revisões nas normas.

Diálogo

Além da experiência estética, esta pesquisa também considera as possibilidades contidas na linguagem como um dos modos de aproximação ao outro, em consonância com a hermenêutica filosófica de Hans-Georg Gadamer, entendida como o "modo como nos experimentamos uns aos outros e como experimentamos as tradições históricas e as condições naturais de nossa existência e de nosso mundo", e isso só é possível "porque não estamos trancados entre barreiras insuperáveis" (GADAMER, 1999c, v. 1, p. 4). Somos seres de linguagem e por isso podemos dialogar, o que significa abrirmo-nos à alteridade. Isso produz um intercâmbio em que ambos os participantes se modificam no jogo da pergunta e da resposta e fazem uma ampliação de horizonte, que altera o vocabulário e as crenças.

---

[4] Há algum tempo defendo uma relação de entrelaçamento entre ética e estética. Ver Hermann (2005) e Hermann (2010).

O diálogo rompe com a lógica da apropriação, pois ele só se institui porque há um outro, o que supõe a disponibilidade em rever nossa base de valoração, questionada pela posição do outro. O diálogo contém "a possibilidade de que a crença contrária pode ter razão, seja no âmbito individual ou social" (1999d, v. 2, p. 275). Assim, ele possui uma condição especial de dar voz ao estranho.

A posição de Gadamer é oposta àqueles que desacreditam no diálogo porque pertenceríamos a culturas diferentes em que os jogos de linguagem são incomensuráveis (WITTGENSTEIN, 1994). Esta pesquisa considera que a tradição dialógica, proposta pela hermenêutica, vai ao encontro de teses relevantes para a educação, como a constituição dialógica da mente humana defendida por Georg Herbert Mead[5] e Jürgen Habermas. Ou seja, aprendemos todos os nossos modos de expressão com os outros, inclusive nossa própria identidade. Por isso, a alteridade e o movimento de aproximação ao outro – o diálogo e a experiência estética – constituem um tema decisivo para a ética em educação.

---

[5] Ver a tese de Casagrande (2012). Casagrande analisa a formação do eu a partir do interacionismo simbólico de George Herbert Mead e da teoria da ação comunicativa de Jürgen Habermas. Afirma que a "identidade pessoal estrutura-se mediante a internalização das normas e das convenções coletivas, o desenvolvimento progressivo das estruturas internas do eu, processos contínuos de aprendizagem individual e social, processos de descentração e de ganhos de racionalidade em contextos comunicativos e simbólicos" (CASAGRANDE, 2012, p. 7).

| CAPÍTULO I

O TEMA DO OUTRO: DESENREDANDO AS QUESTÕES[6]

> *Nos mesmos rios entramos e não entramos; somos e não somos.*
>
> Heráclito

Etimologia, esclarecimentos conceituais e outras aproximações

Etimologicamente, o termo *outro* provém do grego το ετερον e do latim *alteritas*. Costuma ser empregado como equivalente a *alteridade*, que significa *constituir-se como outro*. No discurso filosófico, de um modo geral, o outro é uma categoria utilizada no trabalho de identificação e diferenciação, do qual deriva o par conceitual identidade (ipseidade) e alteridade (diversidade), cujos elementos se contrapõem, pois o outro é posto como limite da identidade. Enquanto tema específico, o outro não possui destaque nem na metafísica nem na ética grega, embora seja analisado, de forma indireta, pelo princípio da identidade do ser.

Cabe inicialmente destacar o papel inovador de Parmênides, pois ele abandona a cosmologia que dominava o pensamento grego dos pré-socráticos para criar a ontologia, que estuda o ser. Encontramos a primeira formulação explícita de seu pensamento no

---

[6] Devo a Berys Gaut, na obra *Art, Emotion and Ethics*, a sugestão desse título, ou seja, introduzir um tema, "desenredando as questões".

poema *Sobre a natureza*. No *Fragmento 2*, é referido o princípio da identidade:

> Vamos, vou dizer-te – e tu escuta e fixa o relato que ouviste – quais os únicos caminhos de investigação que há para pensar: um que é, que não é para não ser, é caminho de confiança (pois acompanha a realidade); o outro que não é, que tem de não ser, esse te indico ser caminho em tudo ignoto, pois não poderás conhecer o não-ser, não é possível,- nem indicá-lo [...] pois o mesmo é pensar e ser. (PARMÊNIDES, *Da natureza*, 2009, p. 69)

O poema traz a afirmação do ser e a negação do não-ser, abrindo uma tradição em que ser é tomado com positividade e o não-ser como negatividade. Desse modo, Parmênides inicia a formulação do conceito de unidade no plano ontológico, destacando a estabilidade e a identidade do ser. Como o nada não existe, o *que é* não pode surgir do nada. O que é nunca nasce, tampouco virá a ser, pois se tivesse movimento teria que se mover no espaço vazio – e este não existe. De acordo com Burnet, *o que é, é* significa que o

> [...] Universo é um *plenum* e que não há nada que se assemelhe ao espaço vazio, quer dentro, quer fora do mundo. Decorre daí que não pode haver algo como movimento. Em vez de dotar o *Um* de um impulso de mudança, como fizera Heráclito, e, portanto, torná-lo capaz de explicar o mundo, Parmênides descartou a mudança como uma ilusão (BURNET, 2006, p. 194).

Sem o movimento, a estrutura da identidade é fixa e não permite nenhuma mobilidade entre ser e não-ser. O não-ser é o contrário do positivo. Com esse pensamento se estabelece o princípio da não-contradição, base de toda a lógica ocidental, que de algum modo condicionará nosso modo de pensar.

Em Platão, a questão do outro aparece no contexto da discussão da aparência, no *Sofista*, relacionado com a dialética da não-identidade, pois não é correto "agregar o que é ao que não é" (PLATÃO, 1988, v. V, p. 390). O não-ser é definido como o diferente (ετερον), pois "o ser não é, então, simultaneamente, a mudança e o repouso, senão algo diferente deles" (p. 424). O não-ser contém a natureza específica da alteridade. Entre mudança e repouso existe uma relação negativa, porque uma não participa da outra, mas ambas – mudança e repouso – participam da identidade do ser. É no *Sofista* que Platão realiza o conhecido parricídio de Parmênides, pois, nesse diálogo, contraria o mandamento eleático de que o *não-ser não é*, conferindo existência ao não-ser: "Para defender-nos será necessário colocar à prova a tese do pai Parmênides e obrigar ao que não é, sob certo aspecto, a ser, e o ser, por sua vez, sob certo aspecto, a não-ser" (p. 401). No célebre diálogo *Parmênides*, Platão deixa antever que não há uma contraposição radical entre o uno e o outro, mas que geram aporias.

Na teoria de Aristóteles, o outro aparece na *Metafísica*, no contexto do emprego da linguagem sobre o uno. Para o filósofo, o mesmo contém a unidade do ser, e o diverso é aquilo que contém mais de uma espécie ou matéria. O diverso não é negação do mesmo, enquanto diferença e diversidade são coisas distintas (ARISTÓTELES, 1994, p. 402), pois a diferença não existe indeterminada; ou seja, as coisas são diferentes em algo particular. Aristóteles reconhece que o ser possa ser dito de muitos modos, mas sempre em referência a um só princípio, pois algo não pode ser e não ser, ao mesmo tempo, sob o mesmo aspecto (p. 173).

Nesse sentido, o pensamento grego estabelece a identidade e a diferença como a relação fundamental do pensamento metafísico, tanto no plano lógico como no ontológico, e isso teve profunda influência na constituição de nossa compreensão sobre o que seria o homem e suas relações com o outro. O uno é o princípio identitário e a origem de todo o ser; já a diferença se estabelece em relação à identidade. Esse modo de filosofar cria as condições para pensar o outro como contraposição à identidade, num contexto metafísico relacionado com a fixidez.

A ética, contudo, diferentemente da metafísica, opera no âmbito da ação, da relação entre os homens, num movimento em que o outro é tanto semelhante quanto diferente. Por isso, uma abordagem mais expressiva na relação entre o eu e o outro, o mesmo e a diferença se encontra na ética aristotélica, mais especificamente na *Magna moralia*, de um modo diferenciado daquele da metafísica. Embora os estudos especializados apontem dúvidas quanto à autenticidade da obra[7], inequivocamente ela pertence à escola aristotélica e, nesse aspecto, importa ao foco deste estudo, pois o tratamento ético dispensado por tal tradição desloca o outro de um léxico de oposição com a identidade para jogar um papel relevante na constituição da própria identidade. Encontramos esse momento de reconhecimento do outro, em um comentário feito na *Magna moralia* sobre o problema da autossuficiência do homem[8]:

---

[7] Sobre o tema, ver a Introdução de Teresa Martínez Manzano e Leonardo Rodriguez Duplá à *Magna moralia* (Ed. Gredos, 2011) e Bobonich, *Os tratados éticos de Aristóteles* (2009).

[8] Devo essa constatação a Marco Zingano, em sua obra *Estudos de ética antiga* (2009).

> E considerando que conhecer a si mesmo, como alguns sábios declaram, é muito difícil, ainda que também um grande prazer (pois conhecer-se é muito prazeroso); mas não somos capazes de contemplar-nos por nós mesmos (isso fica evidente pelas repreensões que dirigimos aos outros, esquecendo que nós mesmos fazemos as mesmas coisas; isso é causado por benevolência ou paixão, que obscurecem o juízo correto). Assim, do mesmo modo como olhamos em um espelho quando queremos ver nosso rosto, quando queremos conhecer a nós mesmos, nos reconhecemos olhando o amigo, pois um amigo é, como dissemos, um outro eu. Se, portanto, o conhecimento de si é um prazer que não é possível sem outro amigo, o homem autossuficiente terá necessidade da amizade para conhecer a si mesmo (ARISTÓTELES, 2011, p. 234).

Nessa passagem, percebe-se que o outro passa a ser decisivo para o conhecimento de si, pois só podemos nos ver pelo outro. Embora relacionado com o processo de conhecer a si mesmo, evidencia-se na ética grega um reconhecimento do outro. Cabe destacar, contudo, que não se trata de qualquer outro: esse outro é um amigo. Como analisa Zingano, tal reconhecimento não é ainda um altruísmo, pois "como o amigo é o *alter ego*, voltamos por assim dizer a uma ética fechada ao próprio indivíduo" (ZINGANO, 2009, p. 34). Assim, o tratamento dispensado ao outro na ética aristotélica não autoriza uma interpretação mais alargada; ao contrário, o mundo grego permaneceu distante de conceder um significado mais fundamental ao outro.

Conforme observa Waldenfels, no século V a. C. os gregos estabelecem uma diferença de natureza vertical entre eles e os bárbaros (WALDENFELS, 1997, p. 16), designando-os inicialmente como aqueles que articulam mal as palavras, que balbuciam mal, sem estética. Posteriormente, esse significado se estende para aqueles povos que não possuem a cultura grega, passando a designar o estrangeiro, o selvagem, o estranho, o outro. Muitos séculos mais tarde, Adorno identificará barbárie com o "mal-estar destruidor na civilização" (ADORNO, 1998a, v. 7, p. 97), o que estaria vinculado às origens de nossa civilização, que se impôs sob uma condição também de barbárie, pela existência de um "impulso destruidor". Há uma espécie de rudeza e brutalidade imanente à cultura que promove atos de violência. Aquilo que é estranho, que escapa à uniformização, deve ser destruído. Mattéi retoma a questão da barbárie apontando seus efeitos como um risco "de esterilidade humana e de perda de sentido no campo da cultura, quer se trate de ética, de política, de arte, quer de educação" (MATTÉI, 2002, p. 13). Nossa barbárie seria a resistência à alteridade. O inferno, prossegue Mattéi, "nunca são os outros, como afirma um sofisma muito difundido; o inferno somos sempre nós mesmos, assim que a interioridade se fecha a toda a abertura" (p. 61).

Conceitos antitéticos como civilização e barbárie revelam que a história não é independente de suas articulações linguísticas e os termos perduram em suas transformações (cf. KOSELLECK, 2006, p. 196-206), carregando na linguagem sua força assimétrica. Por isso a dificuldade da relação do eu com o outro acompanha a história ocidental e provoca confusões conceituais, como os supostos desníveis culturais no interior das assim chamadas *sociedades civilizadas*. A oposição entre cultura erudita e popular projeta uma hierarquia que foi posteriormente posta em questionamento pelos estudos da antropologia cultural, pela história das tradições.

Embora tenha havido muita mudança no campo da investigação filosófica desde os pré-socráticos, o platonismo e o aristotelismo, esses movimentos produzidos historicamente deixaram uma herança metafísica em que a diferença, o outro e a alteridade são definidos a partir da identidade do ser, criando as condições para interpretar o outro e a diferença como algo fora do âmbito do mesmo, não como algo em si, com profundas implicações sociais, éticas e políticas. Isso também pode explicar a demora do pensamento filosófico em tematizar uma dialética entre a identidade e o outro, em que o mesmo, o próprio possa estar impregnado pelo outro, pelo estranho. Tanto na metafísica como na ética tradicionais, o outro não teve um papel constitutivo.

Para situar de modo mais preciso a complexidade do problema, convém destacar também que o outro apresenta dificuldades linguísticas e conceituais, nomeadas por Waldenfels como "sombras linguísticas e conceituais" (WALDENFELS, 2007, p. 4). Retomando aquilo que explicitamos anteriormente, o outro é uma categoria que se estabelece em relação à identidade, gerando a dualidade conceitual identidade (ipseidade) e alteridade (diversidade), que se contrapõe, pois o outro é posto como limite da identidade e não como um si mesmo. Trata-se de distinguir, por um processo de delimitação, o mesmo (ταυτου, *idem*) que se opõe ao outro (ετερον, *alius*). Por esse processo distinguimos, por exemplo, a maçã de uma pera.

Mas o outro também aparece como o estranho, aquilo que é heterogêneo em relação a nós, associado ao inquietante, ao não familiar. O estranho não aparece pelo simples processo de delimitação, mas emerge de um processo simultâneo de inclusão e exclusão (p. 7). Por esse mesmo processo separamos as culturas, as diferenças de gêneros, o homem do animal, o Ocidente do Oriente, etc., o que gera parte de nossas dificuldades em reconhecer aquilo que não se ajusta em nossos esquemas de apropriação conceitual.

O pensamento moderno, a partir do princípio da subjetividade e do consequente modo como o sujeito se relaciona com a alteridade, tematiza o outro como aquilo que tende à exclusão. O emprego da palavra *outro* aparece associado ao estranho da identidade, a tudo que lhe é contrário, distinto e inverso. O eu e a consciência de si costumam opor-se ao outro, seja para afirmar ou demarcar antagonismo. Como lembra Ricoeur (1996), a filosofia do sujeito é paradigmática, pois na medida em que o "eu penso" cartesiano funda todas as relações, o eu se expressa sem a confrontação de algo fora de si mesmo, e isso configura uma espécie de prólogo a tal tema. Nas *Meditações*, Descartes (1973b) mostra que a objetivação do pensamento, que pode garantir a verdade, não depende de outrem. A certeza está ligada apenas ao *cogito*, só há pensamento puro e isso permite representar o mundo e dominar a natureza. A radical separação entre o pensar e a corporeidade, por exemplo, trouxe como consequência nossa dificuldade em lidar com a natureza, em reconhecer o outro em nós mesmos. Mas não só na dimensão intelectiva, como também na dimensão moral, o outro não é objeto de consideração. Em *As paixões da alma*, ao analisar paixões como a estima e a generosidade, Descartes (1973a) as remete, numa primeira instância, a si mesmo, e não ao outro. Assim, o sujeito moderno constitui-se sem apelo a nenhuma exterioridade, e em tudo o que olhamos ao redor, veremos só o que lá pusemos, ou seja, nós mesmos.

Ao proceder a uma análise histórico-conceitual do conceito de subjetividade, Gadamer aponta a desconsideração do outro nesse processo ocasionado pela própria estrutura da reflexividade, que dá primazia à autoconsciência em relação à consciência da coisa: "Tanto em Descartes quanto em Leibniz e John Locke, o conceito de pessoa é definido por meio do conceito reflexivo de autoconsciência, sem que o outro seja efetivamente considerado aí" (GADAMER, 1999e, v. 10, p. 99).

De acordo com a interpretação de Waldenfels, na modernidade se estabelece uma relação hostil entre razão e sujeito, uma vez que a razão mantém o que é comum e a subjetividade tem que se manter, para si mesma, como individual. Quando o estranho entra em cena, ele interfere na ordem da razão e descentra o sujeito, desequilibra-o, a ponto de produzir o efeito de "o homem não se sentir completamente em casa" (WALDENFELS, 2007, p. 4).[9] Embora o pensamento ocidental, por meio da filosofia hegeliano-marxista, tenha trazido o conceito de estranhamento ou alienação (*Entfremdung*), não se trata do mesmo que estranheza (*Fremdheit*). São conceitos diferentes e, prossegue Waldenfels, "só no século XX, a questão do outro se torna uma questão filosófica central, esboçada por Simmel, Benjamin, Adorno e Bloch, sistematicamente elaborada por Husserl, e, finalmente, radicalizada pelos fenomenologistas franceses" (p. 4).

Desse modo, a distinção entre o eu e o outro, entre o próprio e o estranho não se reduz a uma oposição entre termos, mas implica uma fenomenologia e uma hermenêutica compreensiva que configure a experiência do outro como algo que acontece, capaz de reconhecer o aparecimento do estranho dentro do próprio eu, devido ao caráter intrassubjetivo e intracultural do

---

[9] Trata-se de uma referência de Waldenfels à célebre afirmação de Freud: "o *ego* não é o senhor de sua própria casa" (FREUD, 1988b, p. 153).

outro. O outro já está interiorizado no eu, é uma espécie de duplo de mim mesmo. Nesse sentido, Waldenfels destaca que nem a outreidade de mim mesmo nem o outro vêm em primeiro lugar, pois "se eu me torno a mim mesmo sendo tocado pelo outro e respondendo ao seu apelo, as duas dimensões se cruzam: eu estou fora de mim mesmo precisamente por ser duplicado pelo outro; e eu sou duplicado precisamente ficando fora de mim mesmo" (p. 12).

Cabe ainda registrar que a experiência do outro está vinculada à história de sua apropriação, e uma das formas mais expressivas dessa apropriação na tradição ocidental refere-se ao egocentrismo, que reduz o estranho ao próprio, àquilo que é comum. O que não se articula pela razão tende a ser desvalorizado e até excluído. Trata-se de um individualismo exacerbado, possessivo, uma atomização do mundo, em que a luta de cada um pela autopreservação define aquilo que se interpõe a tal processo como barreira e como estranho. A mesma situação se percebe no etnocentrismo, centrada na ideia de grupo, nação, tribo ou cultura e suas consequências na eliminação daquilo que não se enquadra no modelo de razão e de vida considerados legítimos. Nessa perspectiva, a história da colonização é uma história da apropriação do mundo, que hoje passa por processos de descentramento, pois sabemos que não estamos em condições de identificar exatamente quem somos, visto que há muitas vozes atrás de nós, das quais não podemos nos apropriar. Em relação a esse aspecto, a obra de Tzvetan Todorov, *A conquista da América* (1982), é exemplar. O autor relata a descoberta e a conquista da América pelos espanhóis, no século XVI, para mostrar o outro exterior a nós mesmos. Esse encontro, que em muitas circunstâncias gerou violência, é considerado o encontro "mais surpreendente da história", pois

[...] ao mesmo tem tempo que obliterava a estranheza do outro exterior, a civilização ocidental encontrava um outro interior. Da era clássica até o fim do Romantismo (isto é, até hoje), os escritores e moralistas não param de descobrir que a pessoa não é uma, ou que ela não é nada, que eu é um outro, ou uma simples câmara de eco. Já não se acredita em homens-fera na floresta, mas descobriu-se a fera dentro do homem [...]. A instauração do inconsciente pode ser considerada como o ponto culminante dessa descoberta do outro em si mesmo (TODOROV, 2003, p. 362-3).

Desse modo, Todorov expõe, numa perspectiva antropológica, a duplicidade existente entre o interior e o exterior, indicando a fragilidade de uma abordagem lógica e epistemológica que insiste em não reconhecer o aparecimento do estranho dentro do próprio eu, para destacar o caráter intrassubjetivo e intracultural do outro.

Mais tardiamente inicia-se, na cultura ocidental, um processo que tende a anular a distinção entre *identidade* e *diferença*, rompendo com o domínio da metafísica nas formas de apropriação da cultura. Gumbrecht aponta como evidência desse fenômeno o apagamento das dimensões espacial e temporal na sociedade contemporânea, favorecido, em grande parte, pelas mídias. O presente se dilata numa multiplicidade de espaços temporais, mas, ao mesmo tempo, isso desemboca numa impressão de paralisação, porque há um descrédito com as utopias que projetariam o futuro. Cria-se um desajuste entre a posição física do sujeito e seu acesso à experiência, pois podemos nos comunicar com alguém no outro lado do mundo sem nenhum movimento físico ou espacial. Essa circunstância, de acordo com Gumbrecht, está associada à história epistemológica moderna, em que o homem adquire a paradoxal posição de sujeito e observador do mundo, ao mesmo tempo. Disso decorre que todo conhecimento e formas de apropriação da cultura dependem do aparato cognitivo do observador. Assim, "a experiência do outro só pode ser experimentada como experiência individual do observador e, por conseguinte, só como experiência contingente em relação ao outro" (GUMBRECHT, 2010, p. 38). Ou seja, o outro aqui não está mais externo, mas se situa numa dimensão relacional, o que altera a oposição proposta pelo pensamento da identidade. Nisso pode-se reconhecer uma nova experiência do pensamento ocidental, que abre o espaço para a intersubjetividade.

Breve genealogia sobre o outro[10]

Como observado no item anterior, o outro aparece no pensamento filosófico como uma categoria associada ao pensamento da identidade, que tende a assimilar aquilo que está fora do eu com seus próprios esquemas apropriativos. Desse modo, a alteridade não teve o mesmo peso filosófico que a pergunta pelas causas do mundo, pela alma, pela justiça, e tampouco é uma tematização específica da tradição até o medievo. No pensamento moderno não há ainda uma abordagem central, porque o sujeito, preso à sua própria consciência, se restringe à singularidade do eu, com dificuldades na passagem para a pluralidade e o outro. Nesse sentido, permanecem as perguntas: Como ter acesso ao outro? Ele é apenas minha representação? O outro é aquilo que é estranho ao eu? Eles são excludentes

---

[10] Apresento aqui uma versão levemente modificada dos argumentos discutidos em Hermann (2011).

ou complementares? Como se situa a questão do outro numa perspectiva ética?

O eu, que não depende de nenhuma alteridade, forma uma espécie de condição "pré-cognitiva *a priori*" sob qual o outro se torna disponível, gerando um espectro de significados que se associam e se interconectam: eu e identidade, o outro e o estranho, a radical estranheza da identidade e a outreidade. Daí decorre um conjunto de conceitos e relações, cujos primeiros esboços e discussões teóricas já se encontram na filosofia antiga.

Aqui se indicam alguns pontos relevantes do movimento constitutivo do conceito de outro e suas relações, uma genealogia que expõe sua historicidade, com vistas a compreender as razões que criaram as dificuldades de relação com o outro, com aquilo que foi sendo sistematicamente excluído ou não percebido pelos nossos esquemas interpretativos. O procedimento genealógico permite reconhecer aqueles elementos que mantiveram sua força de afecção, que produziram efeito a ponto de que a criação de categorias conceituais sobre o outro ou o refinamento das existentes, de algum modo, remetem a esse movimento – seja na perspectiva de afirmá-lo, negá-lo ou recriá-lo inteiramente.

I

Num primeiro momento, pode-se reconhecer um modo de relação caracterizado pelo binômio *identidade como transparência* e *estranho ou outro como exclusão*.[11] Tal modo de relação remonta ao início da filosofia, com a teoria platônica, na qual o estranho

---

[11] Aqui sigo a sugestão de Wils (1993), que oferece uma tipologia das formas de relacionamento entre o estranho e a identidade.

ou o outro se situa no corpo e no afastamento penoso das pulsões e dos afetos.

Nessa concepção de natureza humana, o corpo é o outro da alma e tende a se tornar estranho à própria identidade de si. A alma é um princípio incessante de vida inteligente, um princípio vital, "é mais afim que o corpo ao invisível e este o é ao visível" (PLATÓN, 1986a, v. III, p. 70). O corpo percebe a multiplicidade, a pluralidade da realidade, aquilo que é visível, e as coisas "que se mantêm idênticas não é possível captá-las jamais com outro meio, senão com o raciocínio da inteligência" (p. 69). A alma mantém a identidade consigo mesma, pela sua ação racional, enquanto o corpo, provocado pela multiplicidade sensível, impulsiona-se para o distanciamento da unidade. Essa interpretação aparece no *Fédon* e revela a influência que Platão recebe da concepção mágico-religiosa de *psyché*, cujo puritanismo-dualista atribui ao corpo mortal as causas do pecado e do sofrimento da alma[12] (cf. DODDS, 1978, p. 212). O corpo cria dificuldades para a alma alcançar o bem, a desvia. Então, como Platão assume em sua formulação considerada clássica (PLATÓN, 1986a, p. 171.), só pela morte ou pelo autodomínio do eu racional a alma será purificada da "insensatez do corpo" (1986a, v. III, p. 45) e terá acesso à verdade e ao bem. A "ordem" e a "retidão" (1983, v. II, p. 116) conduzem à unidade e à identidade, e aquilo que a isso escapa, especialmente as afecções provocadas pelo corpo, avança para a estranheza.

Wils lembra apropriadamente que esse movimento – a eliminação do estranho para manter a identidade

---

[12] Segundo a interpretação de Dodds, Platão é influenciado pela tradição religiosa-pitagórica, mas também pelo racionalismo grego, o que resulta num ato verdadeiramente criativo, em que o filósofo transpõe as ideias "de um plano da revelação para o plano do argumento racional" (DODDS, 1978, p. 209).

– produz uma "exclusão trágica", que reaparece na pergunta do diálogo *Parmênides*: "[...] mas se alguém demonstra que eu sou um e múltiplo, por que isso haveria de nos surpreender?" (1988, v. V, p. 40). Ou seja, essa pergunta dá indícios da problematização do outro, sugere que pode haver no eu a identidade e o estranho, mas tal reconhecimento ou abertura é obstaculizado por uma estrutura de pensamento que tende à unidade e à finalidade.

Se a questão não é respondida na teoria platônica, uma afirmação semelhante àquilo que contém na pergunta do *Parmênides* é feita por Rimbaud em duas cartas, em 1871, em que o poeta afirma: "Eu é um outro" (*je est an outre*).[13] Dizer que eu é um outro é diferente de dizer que há outro, e a agudeza de tal afirmação consiste em reconhecer que não somos unidade, mas constituídos por partes contraditórias. O tema, retomado no século XIX sob profundas mudanças espirituais e culturais que se traduzem em

---

[13] Arthur Rimbaud escreve duas cartas, conhecidas como "do vidente", em que aparece essa célebre referência: a primeira delas, *Lettre a Georges Izambard*, de 13 de maio de 1871, e a segunda, escrita dois dias após a primeira, *Lettre a Paul Demeny*, de 15 de maio de 1871. Na primeira, o poeta circunscreve a sentença no âmbito do pensamento cartesiano (*penso, logo existo*) para afirmar que somos pensados, posicionando-se contra o eu racional e soberano: "Quero ser poeta e trabalho para tornar-me vidente: você não compreenderá nada e eu quase que não saberia explicá-lo. Trata-se de chegar ao desconhecido através do desregramento de todos os sentidos. Os sofrimentos são enormes, mas é preciso ser forte, ter nascido poeta, e eu me reconheci poeta. Não é de modo algum culpa minha. É errado dizer: eu penso: dever-se-ia dizer: sou pensado. — Perdão pelo jogo de palavras. Eu é um outro". Na segunda carta, Rimbaud refere à abertura do eu, em que o outro irrompe para tirar o eu da posição de homogeneidade em que se encontra: "Pois o eu é um outro. Se o cobre acorda o clarim, não é por sua culpa. Isto me é evidente: eu assisto à eclosão do meu pensamento; eu a contemplo; eu a escuto; eu lanço uma flecha: a sinfonia faz seu movimento no abismo, ou salta sobre a cena".

novas experiências de si, mostra o eu em seu caráter múltiplo, fragmentário, numa espécie de antítese a tudo o que vinha sendo conjurado como identidade. Há algo que escapa, projeta o eu em algo indecidível, fratura a identidade e traz a existência do outro, seja no plano do corpóreo, das ações, do imaginativo ou daquilo que amedronta. O outro aponta o estranho, aquilo que ultrapassa a intimidade do eu – algo que precisou de muitos séculos depois do nascimento da filosofia na Grécia para irromper como um relato de experiência poética, expondo o deslocamento de uma concepção metafísica da identidade para uma concepção enraizada nos contextos plurais do mundo da vida, que se vê diante da alteridade, num eu que é atravessado pelo outro.

Embora sejam notórias as muitas interpretações da teoria de Platão, associadas à natureza dos diálogos que não são conclusivos e prescritivos – antes disso, são aporéticos – há certo acordo quanto à sua desconfiança do mundo empírico e da força poderosa do desejo, do corpóreo, da sedução que teve relevância para configurar o pensamento da identidade. Segundo Williams, Platão tem sempre presente que a mente humana é hostil ao bem, e não há nada que faça as pessoas buscarem a justiça, "exceto sua própria compreensão filosófica da justiça e do bem. Elas [as pessoas] serão capazes de fazer isso, desde que sua educação lhes dê uma compreensão filosófica do bem e do por quê a justiça representa o desenvolvimento correto da alma racional" (WILLIAMS, 2000, p. 39). Nessa retidão e correção, ao encargo da alma racional, abre-se espaço para o idealismo, que, de acordo com Williams (p. 61), dá sentido ao alerta de Nietzsche. Como se sabe, Nietzsche é crítico contumaz de Platão, trazendo com ironia perspectivas que não estavam tão evidentes.

Seu alerta, no aforismo 372 de *A gaia ciência*, expõe o que o idealismo dissimula:

> [...] todo o idealismo filosófico foi, até agora, algo como uma doença, quando não foi, como no caso de Platão, a cautela de uma saúde muito rica e perigosa, o temor ante sentidos *muito poderosos*, a prudência de um prudente socrático. – Talvez nós, modernos, não sejamos saudáveis o bastante para necessitar do *idealismo* de Platão? (NIETZSCHE, 1988a, v. 3, p. 624).

De algum modo, o idealismo preparou nosso olhar para reconhecer o idêntico, o mesmo. A dificuldade de lidar com o outro e, muitas vezes, seu aniquilamento trouxe uma espécie de adoecimento, com desastrosas consequências para o plano político- cultural e ético. No plano político-cultural podem-se destacar as marcas deixadas pelo processo de colonização, que se deu sob violenta dominação das outras culturas, numa sistemática ausência de reconhecimento da diferença e o predomínio de uma racionalidade técnico-científica e da superioridade intelectual dos colonizadores. Isso resultou numa desvalorização das culturas e, em termos mais recentes, da própria natureza, como o outro que foi violado. Com facilidade, aquilo que escapa ao que se entende como racional desliza para o bárbaro.

A ética, por sua vez, enfrentou problemas quanto aos conteúdos reprimidos ou inexplorados pela visão metafísica, deparando-se com elementos poderosos que não eram abrangidos pela sua justificação. Mesmo a ética kantiana, que assegura o respeito a todos, não consegue evitar as distorções no reconhecimento do outro. Pode-se lembrar, ainda, conforme analisa Waldenfels, que houve tentativas de relativizar o estranho, mas "esta duvidosa superação do estranho resulta humanisticamente dissimulada na conhecida frase de Terêncio: *nihil humanum mihi alienum puto*"[14] (WALDENFELS, 1998, p. 88).

II

Merece destaque, como momento significativo da relação do sujeito com o outro, a ideia de reconhecimento presente na filosofia de Hegel. No século XIX, o filósofo faz desse tema a questão central de toda a ética, na medida em que a consciência de si depende da experiência de reconhecimento social, ou seja, o movimento da subjetividade, enquanto autoconsciência, se produz na relação com o outro, na luta pelo reconhecimento. Isso é relatado na *Fenomenologia do espírito*[15] (1807), na qual figuras metafóricas dramatizam a constituição da consciência. O empenho hegeliano consiste em pensar a subjetividade na relação com o outro, com o que está fora da consciência.

Na primeira parte do capítulo IV dessa obra, na conhecida dialética do senhor e do escravo, Hegel afirma: "A consciência-de-si é *em-si* e *para-si* quando

---

[14] "Nada do que é humano me é estranho." Frase traduzida do inglês, do dicionário Merriam-Webster. Disponível em: <http://www.merriam-webster.com/dictionary/homo sum: humani nil a me alienum puto>. Acesso em: 9 ago. 2014.

[15] *Fenomenologia do espírito* (*Phänomenologie des Geistes*) é uma obra constituída de oito partes: I. A certeza sensível; II. A percepção; III. Força e entendimento; IV. A verdade da certeza de si mesmo; V. Certeza e verdade da razão; VI. O espírito; VII. A religião; VIII. O saber absoluto. Ao longo do percurso da consciência para tornar-se cada vez mais ela mesma, Hegel convoca diferentes correntes do pensamento para ilustrar os momentos da vida do espírito (a tragicidade dos gregos, o ascetismo da Idade Média, o romantismo alemão, etc.). Para fins deste estudo, nos deteremos na dialética do senhor e o escravo – no qual Hegel expõe o conflito do sujeito entre o desejo de si e o desejo pelo outro, no processo de reconhecimento inerente ao ser humano.

e porque é em si e para si para uma Outra; quer dizer, só é como algo reconhecido" (HEGEL, 2003, p. 142). Por meio da relação entre senhor e escravo, Hegel mostra o movimento de reconhecimento na relação social. Ambos necessitam um do outro para serem reconhecidos. Primeiramente, a consciência-de-si exclui todo o outro. Cada consciência constitui-se para a outra em algo estranho. O eu e o outro são figuras independentes, não se "apresentaram uma para a outra". Trata-se do momento em que o senhor impõe seu domínio e ainda não é reconhecido pelo escravo. Ambos, senhor e escravo, terão que provar-se a si mesmo e um ao outro, por meio de uma luta de vida e morte, isto é, colocar-se em situação de risco, expor-se à consciência do outro, perder-se. O escravo torna-se independente diante do senhor e este só é senhor porque depende do trabalho do escravo. Diz Hegel: "O indivíduo que não arriscou a vida pode bem ser reconhecido como *pessoa*, mas não alcançou a verdade desse reconhecimento como uma consciência-de-si independente" (p. 146). O senhor aprende que seu próprio domínio depende de ser reconhecido pelo escravo; ou seja, para uma consciência de si há outra consciência fora de si. Aqui o senhor depende do outro e é por ele mediatizado – no caso, o escravo, pois "a verdade da consciência independente é, por conseguinte, a *consciência escrava*" (p. 149). Ao experimentar essa mediação, o senhor acaba dependente do escravo. E o escravo experimenta a angústia da dominação do senhor, o medo da morte: "Aí [a consciência] se dissolveu interiormente; em si mesma tremeu em sua totalidade; e tudo o que havia de fixo, nela vacilou" (p. 149). A manutenção do domínio passa pela relação de dependência e o reconhecimento necessita de um outro, de outra consciência. O movimento dessas duas consciências é um agir de duplo sentido, não é só um "agir sobre si mesmo" e "sobre o Outro", mas é o agir "tanto de um quanto de Outro" (p. 144). Pela mediação se estabelece o reconhecimento; portanto, a consciência-de-si surge de uma complexa relação social.

O movimento descrito por Hegel indica o retorno da consciência sobre si, um si mesmo que não deve ser abandonado, pois "o eu é o conteúdo da relação e a relação mesma; defronta um Outro e ao mesmo tempo o ultrapassa; e este Outro, para ele, é apenas ele próprio" (p. 135). Nessa relação descrita na *Fenomenologia*, o reconhecimento que afirma o eu e o outro aparece como antagonismo:

> A consciência-de-si é a reflexão, a partir do ser do mundo sensível e percebido; é essencialmente o retorno a partir do *ser-Outro*. Como consciência-de-si é movimento, mas quando diferencia de si *apenas a si mesma* enquanto si mesma, então para ela a diferença é *imediatamente suprassumida*, como um ser-Outro. A diferença não é e a consciência-de-si é apenas a tautologia sem movimento do "Eu sou eu" (p. 136).

Embora a dialética do senhor e do escravo tenha sido proposta como um modelo de reconhecimento do outro, a autoconsciência não é transparente como parece à primeira vista, pois ela vive de uma superação do outro e do estranho que recai numa irresistível negação. A solução é a superação do outro no universal. Como alerta Honneth, só o interesse contemporâneo pelo reconhecimento, instigado pelo feminismo, multiculturalismo e teoria política mostrará "a quantidade de problemas que tal perspectiva [a hegeliana] levanta" (Honneth, 2003b, p. 473). Em grande parte, o problema se concentra na estrutura dialética, pela qual a existência do outro estaria relacionada apenas com o movimento da consciência para reconhecer a si mesma, o que resultaria num processo de aniquilamento do outro ou, pelo menos, de assimilação do outro a partir de nossos esquemas conceituais. Estaríamos assim diante da seguinte questão: mesmo para Hegel, para quem a consciência de si resulta de um processo de reconhecimento do outro – movimento demonstrado na figura do senhor e do escravo – se estabelece a situação paradoxal de que o outro só existe para que o próprio sujeito possa se reconhecer. A alteridade seria, então, o meio necessário (enquanto negatividade) ao reconhecimento do próprio sujeito como consciência de si. O outro, a diferença e a particularidade são concebidos como totalização, ou seja, momentos do universal.

É nessa perspectiva que Adorno critica Hegel: "com certeza, [Hegel] não podia admitir o não-verdadeiro da compulsão à identidade", pois a "negação da negação seria uma vez mais identidade, ofuscação renovada; projeção da lógica dedutiva e, por fim, do princípio da subjetividade" (ADORNO, 1998, v. 6, p. 162). A negatividade passa a não mais surpreender e surge o embrutecimento da sensibilidade para aquilo que é não-idêntico.

Na *Teoria estética* (1998a), Adorno indica o impasse da razão quando elimina de si mesma seu outro: "o que os indivíduos manipulados repelem lhes é apenas demasiado compreensível; analogamente à afirmação de Freud segundo a qual o estranho é estranho como aquilo que é intimamente demasiado familiar. Eis porque é repelido" (1998a, v. 7, p. 273). No ensaio *O estranho*, de 1919, ao qual Adorno se refere, Freud relaciona o estranho (*das Unheimlich*) não apenas "com que é assustador – com o que provoca medo e horror" (FREUD, 1988a, v. 17, p. 237); mas "ao que é conhecido, de velho, e há muito familiar" (p. 238). Por meio de um detalhado levantamento do significado da palavra *heimlich* (familiar), Freud destaca seu caráter ambivalente "até que finalmente coincide com seu oposto" (p. 244). A categoria do estranho indica uma fratura do eu, que se situa no limite daquilo que é familiar e que deve ser dominado. O outro e o estranho não são apenas o externo à subjetividade, mas estão no interior do eu e, nessa medida, a identidade permanece fragmentada pelos múltiplos outros. Nietzsche suspeitou que por trás do desejo de conhecimento e de apropriação existe uma vontade de "em meio a tudo o que é estranho, inabitual, duvidoso, descobrir algo que não mais nos inquiete" (NIETZSCHE, 1988b, v. 3, p. 594).

Percebe-se que o outro foi submetido a uma situação contraditória no pensamento filosófico, pois, na mesma medida em que houve tentativas de reconhecê-lo, sistematicamente foi também subtraído, por meio de um violento mecanismo de abstração, em que, para afirmar aquilo que é universal, excluiu-se o estranho, a diferença, o irracional. Tomá-lo em consideração passou a ser um dos desafios da reflexão filosófica contemporânea, que se vê diante dos limites de seus enfoques epistemológicos, ontológicos e éticos.

III

A hermenêutica filosófica de Hans-Georg Gadamer concebe o outro de uma perspectiva diferente da filosofia da identidade e do idealismo especulativo. O filósofo reteve a lição de Nietzsche quanto à desconfiança dos testemunhos da consciência e, segundo ele, por isso devemos ficar "à espreita dos encantamentos e embustes da consciência, que se acham em toda a crença poderosa" (NIETZSCHE, 1988b,

v. 3, p. 627). A consciência, presa à metafísica, tende sempre à apropriação do outro. Gadamer faz um giro em direção à hermenêutica moderna, que se centra no "diálogo, porque nele a linguagem se forma, amplia e atua" (GADAMER, 1999d, v. 2, p. 436). Além disso, o outro e o estranho tiveram um papel decisivo para a hermenêutica de Gadamer (cf. WALDENFELS, 1998, p. 91), especialmente através das categorias estranheza e familiaridade, constitutivas da compreensão.

O estranho, na medida em que nos tira do habitual e do familiar, cria as condições para quebrar a unidade inquestionável que nos é dada pelo pertencimento a uma tradição (familiaridade). Se a tradição tem um papel significativo no fenômeno da compreensão, na medida em que contém a historicidade que nos constitui e que é coextensiva à vida que vivemos, a estranheza, por sua vez, atua como distanciamento temporal, gerando a tensão produtiva com a qual se estabelece a própria situação hermenêutica. Nessa tensão entre familiaridade e estranheza se dá a tarefa hermenêutica da compreensão, que abre um horizonte novo, onde o sujeito se expõe ao outro e é por ele interrogado. Segundo Gadamer, a tradução de textos é exemplar da tensão que ocorre em toda a compreensão:

> Nela [na tradução] o estranho se faz próprio, quer dizer, não permanece como estranho, nem se incorpora à própria linguagem mediante a mera acolhida de seu caráter estranho, senão que se fundem os horizontes de passado e presente num constante movimento, como que o que constitui a essência da compreensão (GADAMER, 1999d, v. 2, p. 436).

Pelo estranhamento surge a oportunidade de diálogo com o outro, que traz consigo a lógica da pergunta e da resposta. Essa dimensão interrogativa não se assemelha a um código a ser decifrado. O outro traz novas perguntas, o que leva o parceiro a rever sua posição, explicitá-la. O ponto de partida não é o sujeito, mas o diálogo que nos faz submergir em algo com o outro. Este pode nos surpreender e, assim, somos provocados a sair de nossos enclausuramentos, mesmo que não saibamos para onde vamos. Por isso, "o que faz que algo seja um diálogo não é o fato de termos experimentado algo novo, mas sim de havermos encontrado, em um outro, algo que não havíamos encontrado ainda em nossa experiência do mundo" (p. 211). A situação dialógica ultrapassa um mero dar razões de parte a parte; há algo mais, que Gadamer denomina "potencial de alteridade" e que ultrapassa qualquer consenso: "tal é o limite que Hegel não conseguiu atingir", uma vez que concebeu o "conhecimento de si mesmo na alteridade" (p. 336), resultando na vontade de poder que Nietzsche descobre, com aguçado faro psicológico, em toda a submissão e sacrifício. O empenho de Gadamer é superar o logocentrismo presente na ontologia grega. A identidade do interlocutor não está absolutamente fixada, mas se desenvolve na conversação, pois "o *lógos* não é um monólogo" e "todo o pensar é um diálogo consigo mesmo e com os outros" (1998, p. 239). O sentido nasce do encontro do eu com o outro. O giro hermenêutico que o filósofo promove em direção à conversação não retrocede a dialética platônica nem a hegeliana, mas significa um movimento de saída de si mesmo, "pensar com o outro e voltar sobre si mesmo como outro" (1999d, v. 2, p. 369). O diálogo tem, assim, uma força transformadora, pois, quando se realiza efetivamente, algo nos afeta e nos transforma. Nessa perspectiva, Gadamer critica Hegel:

> Para Hegel o caminho da experiência da consciência tem que conduzir necessariamente a um

saber-se a si mesmo que já não tem nada diferente nem estranho fora de si. Para ele a consumação da experiência é a "ciência", a certeza de si mesmo no saber. O padrão a partir do qual pensa a experiência é, portanto, o do saber-se. Por isso a dialética da experiência tem de culminar na superação de toda experiência, que se alcança no saber absoluto, isto é, na consumada identidade de consciência e objeto. A partir daí poderemos compreender por que não faz justiça à consciência hermenêutica a aplicação que Hegel faz à história, quando considera que esta é concebida na autoconsciência absoluta da filosofia. A essência da experiência é pensada aqui, desde o princípio, a partir de algo no qual a experiência já está superada (1999c, v. 1, p. 361).

Só com o desenvolvimento de uma consciência filosófica, liberta dos constrangimentos metafísicos, é que o outro pode surgir num espaço dialógico, para além de um esquema de apropriação. Segundo Waldenfels, contudo, Gadamer não escaparia a isso, pois confia que o estranho possa ser superado, permanecendo preso à órbita de Hegel (cf. WALDENFELS, 1998, p. 91). Tal crítica expõe os limites daquilo que é apreensível; ou seja, é possível um entendimento do outro sem submetê-lo aos nossos esquemas interpretativos? A ideia de "conceber" o outro já não está presa à nossa estrutura epistemológica?

Numa relação educativa, o problema aqui posto adquire contornos bem delineados. Uma subjetividade fundamentada no si mesmo, ao ser transposta para a relação pedagógica, traz o risco de submeter o outro. E, nesta mesma direção, cabe ainda perguntar se há justiça nas ações pedagógicas em relação à singularidade do outro. É realmente possível manter uma legitimação moral sem submeter os que se educam a certos ordenamentos simbólicos, normas e mandatos?

Isso nos remeteria para o limite da compreensão, o limite daquilo que não podemos dispor conceitualmente, que não podemos determinar. Segundo Schäfer, "respeitar esse limite significa, ao mesmo tempo, também não medir a singularidade do outro com o parâmetro da normalidade da autonomia pura" (SCHÄFER, 2005, p. 204).

Schäfer alerta, ainda, que essa situação gera nova dificuldade: "a mistificação", na qual o outro adquire um caráter "sagrado", pois não há parâmetros para saber como se comportar em relação a ele, dada a sua não apreensibilidade. Do outro só temos "vestígios". Se seguíssemos nossos esquemas interpretativos, não faríamos jus à sua singularidade e isso indica que a relação com o outro e o estranho torna-se problemática, pois uma relação pura não é possível. Uma situação assim nos remete para uma compreensão irrevogável da diferença e exige sensibilidade para esses limites, que só os percebe quem se abre para o horizonte do outro. Nosso modo de conceber a ação pedagógica sempre se mostrou cativo dessa problemática e, talvez, seu aspecto mais evidente esteja na ingenuidade de querer determinar "a realidade" do aluno, querer conhecer para garantir uma ação planejada, efetiva e que produza determinados resultados.

Creio que a proposta de Gadamer deva ser avaliada com prudência, pois ela não sustenta mais nenhuma atitude tirânica do sujeito. Ao contrário, o processo de compreender indica que, apesar de tudo, sempre nos aproximamos uns dos outros. A hermenêutica constitui-se numa possibilidade de relação entre o eu e a alteridade, que supera a exclusão e a apropriação, uma vez que o diálogo só pode existir se houver um outro. Ou seja, o reconhecimento do outro surge no próprio diálogo e a subjetividade se constitui na intersubjetividade. A radicalidade da questão da linguagem, que atua e se amplia no diálogo, não parte da consciência, pois, de acordo com Gadamer, ele foi alertado por Heidegger dos riscos do logocentrismo, que faz com que a tensão entre autorrenúncia e autorrelação invada a esfera da conversação (cf. GADAMER, 1999d, v. 2, p. 336). Não se trata, portanto, de uma ingênua volta ao outro, enredada ainda na perspectiva hegeliana, mas de retomar a pergunta que Gadamer apresentou[16]:

> [...] como se mediam reciprocamente a comunidade de sentido que se produz no diálogo com a opacidade do outro, e que é a linguisticidade em última instância, uma ponte ou uma barreira. Uma ponte para comunicar-se um com o outro e construir identidades sobre o rio da outreidade, ou uma barreira que limita nossa autoentrega e a priva da possibilidade de nos expressarmos e nos comunicarmos (p. 336-337).

Na lucidez dessa pergunta subjaz a questão ética da educação, pois se conseguirmos produzir um sentido comum sobre o mundo – e esta é uma esperança do programa humanista de Gadamer – e tivermos sensibilidade com o outro, podemos levar adiante uma formação que abre horizontes. Esses horizontes, nos quais estão presentes a linguagem e a historicidade, constituem-se em fontes inesgotáveis de sentido, que possibilitam uma constante recriação de nós mesmos e do outro. Nessa perspectiva de compreender o outro, a hermenêutica revela seu impulso ético. Considerando,

---

[16] Essa pergunta aparece em *Texto e interpretação* (cf. GADAMER, 1999d, v. 2, p. 330), escrito por Gadamer para o encontro com Jacques Derrida, em Paris, em 1981

ainda, o ensinamento hermenêutico de que entre filosofia e poesia há uma enigmática aproximação, esta questão ética da relação entre o eu e o outro pode ser adensada com a extraordinária força poética de Octavio Paz, no seu poema "Piedra de Sol", escrito em 1953:

> [...]
> nunca la vida es nuestra, es de los otros,
> la vida no es de nadie, todos somos
> la vida – pan de sol para los otros,
> los otros todos que nosotros somos –,
> soy otro cuando soy, los actos míos
> son más míos si son también de todos,
> para que pueda ser he de ser otro,
> salir de mí, buscarme entre los otros,
> los otros que no son si yo no existo,
> los otros que me dan plena existencia,
> no soy, no hay yo, siempre somos nosotros,
> la vida es otra, siempre allá, más lejos,
> fuera de ti, de mí, siempre horizonte,
> vida que nos desvive y enajena,
> que nos inventa un rostro y lo desgasta,
> hambre de ser, oh muerte, pan de todos,
>
> Eloísa, Perséfona, María,
> muestra tu rostro al fin para que vea
> mi cara verdadera, la del otro,
> mi cara de nosotros siempre todos.

Excurso sobre a base evolutiva da moralidade e a empatia pelo outro

Este excurso pretende introduzir o diálogo interdisciplinar sobre o tema do outro por meio da contribuição da ciência, mais especificamente pelas pesquisas desenvolvidas pelo primatólogo Frans de Waal. Lanço mão desse recurso para indicar a complexidade do problema do outro, que não se esgota numa abordagem filosófica. Nosso aparato conceitual, vinculado à tradição metafísica, tende à fixidez das oposições, sendo a oposição homem-animal uma das mais conhecidas. No caso da ética em educação, há um longo caminho pavimentado por esse binômio, com ênfase na necessidade do domínio da animalidade para nos tornarmos humanos, como pode ser observado, por exemplo, em Kant, no seu trabalho *Sobre a Pedagogia* (1996), em que repercutem as implicações de sua filosofia prática.

Um dos aportes que contribui para a desestabilização dessa oposição encontra-se justamente nas pesquisas sobre o comportamento animal. No que segue, serão expostos brevemente os problemas decorrentes das ideias metafísicas que reafirmam a oposição homem-animal, a contribuição de Frans de Waal em defesa da base animal da moralidade, bem como a indicação do debate ocorrido sobre esse tema, em que há discordância de posições.

A tradição racionalista da filosofia e a visão antropológica predominante nos séculos XVII e XVIII, que interpretam o homem como detentor de uma condição especial e exclusiva na natureza, têm dificultado a compreensão, aberta pela ciência e pela crítica da metafísica, de que ele não se diferencia categorialmente dos outros seres, mas apenas gradualmente. A imagem tradicional de homem é de animal racional. Embora a animalidade esteja contida nessa definição, ele é um animal especial, o único entre os outros seres que contém racionalidade, condição que faz o animal-homem tornar-se humano. Trata-se de sua diferença específica.

Esse conceito se origina no pensamento grego e se consubstancia com Aristóteles, na *Política*, que o define como o único animal que tem razão (*logos*) (ARISTÓTELES, 1988). O filósofo usa o termo *logos*, traduzido pelos latinos como *ratio* (razão), que também significa *linguagem*, o que permite um entendimento reflexivo sobre as coisas, sobre nós mesmos, bem como cogitar sobre os deuses e o cosmos. Na concepção grega, os homens estão numa posição intermediária entre os animais e os deuses e, comparativamente aos animais são superiores, mas em comparação aos deuses são seres imperfeitos. Os deuses são imortais e vigorosos; os homens são mortais e sofrem de debilidade.

Isso gera uma dupla natureza a respeito do homem, uma animal e outra espiritual, acarretando o imperativo da elevação: o homem deve desprender-se do terrestre e voltar-se para o supraterreno ou sobrenatural (WELSCH, 2007, p. 8). A representação que fazemos desse pressuposto é de que o corpo é terrestre, ligado à animalidade, e a alma é racional, de origem sobrenatural – e nem uma dessas naturezas contém a outra. Ao definir o homem, Aristóteles cria uma determinação hierárquica de seu lugar no cosmos, devido à sua natureza fixa.

A inconsistência conceitual desse dualismo se revela na impossibilidade de ligar tais elementos heterogêneos e expõe a incapacidade da antropologia tradicional em resolver o problema. Sobre o caráter esquizofrênico do dualismo e sua persistência por dois mil anos na filosofia ocidental, Welsch afirma: "A inconsistência conceitual ofereceu uma bela possibilidade, o ser do homem estiliza um grande 'mistério' que, no máximo, pode ser compreensível para Deus" (p. 8).

As pesquisas com gorilas e chimpanzés, que questionam os limites entre animal e homem, forçaram a revisão dessa classificação. Meu objetivo aqui não é adentrar-me em pesquisas sobre animais, porque ultrapassaria minha área de competência, mas apontar alguns elementos que indicam que não temos por que supor que os humanos sejam diferentes, em essência, dos animais – o que modifica pela base nossa interpretação sobre o outro e o estranho. Ao contrário, os animais contêm muitos daqueles comportamentos e emoções que considerávamos próprios do homem. A visão equivocada dessa questão projetou um conceito muito limitado de razão, que tentou expurgar tudo aquilo que ela entendeu como estranho à sua própria natureza.

As pesquisas de Frans de Waal buscam verificar a hipótese de que há uma continuidade entre animal e homem em relação à questão de moralidade, particularmente no que se refere à empatia, "a forma original e pré-linguística de vinculação interindividual que só de forma secundária é submetida à influência da linguagem e da cultura" (DE WAAL, 2007, p. 49). Uma explicação dessa natureza pressupõe uma continuidade entre homens e animais, questionando as antigas classificações baseadas numa fixa oposição, assim como apresenta uma tese contrária à de Thomas Hobbes da natureza humana egoísta, da guerra de todos contra todos. Apoiado em meticulosas investigações com primatas, de Waal sustenta que descendemos de animais que são capazes de cooperar e de ter empatia, e que nossa moralidade, ou seja, nossa capacidade para agir corretamente e não com maldade, tem origem evolutiva, havendo um contínuo entre o comportamento dos animais e dos humanos. Em suas investigações, de Waal defende que as respostas emocionais estão na base da moralidade, ao contrário das justificações éticas da tradição ocidental que apontam a base racional para a ação moral.

Na obra *A era da empatia: lições da natureza para uma sociedade mais gentil* (2010), o cientista surpreende o leitor nomeando um capítulo com o título "No lugar do outro". Tal título, que mais parece de um livro de ética, detalha as experiências da pesquisadora russa Nadia Koths com o chimpanzé Yoni, que levaram ao reconhecimento da vida emocional dos animais. De Waal destaca os registros de sentimentos de compaixão do chimpanzé feito por Koths:

> Se finjo chorar, fechando os olhos e gemendo, Yoni interrompe imediatamente a brincadeira ou qualquer outra atividade e vem correndo em minha direção. Chega todo agitado e preocupado dos lugares mais remotos da casa, como o telhado ou o teto de sua jaula, de onde eu nunca consigo tirá-lo, nem mesmo com súplicas e chamadas persistentes. Ele corre à minha volta afobadamente, como se estivesse procurando o que me fez mal. Olha meu rosto, segura-o carinhosamente com a palma da mão, toca-o com os dedos, como se tentasse entender o que está acontecendo, e então se vira, cerrando os punhos com sua força (2010, p. 127).

Para de Waal, o tema empatia sofreu restrição no âmbito da ciência – mesmo em relação à espécie humana –, dificultando as pesquisas na área, mas "tendências solidárias dos grandes primatas" (p. 135) sempre foram reconhecidas por aqueles que trabalham com eles. E o mesmo pode ser percebido em animais de estimação, como cachorros e gatos, que se mostram inquietos e aflitos quando percebem o sofrimento de alguém que os cria.

Os animais, e também as crianças, mesmo quando não entendem o que está acontecendo, aproximam-se dos outros. De Waal denomina esse comportamento atrativo de pré-preocupação, na tentativa de demonstrar que um comportamento preocupado com o outro, ou solidário, surge antes de termos a compreensão e a consciência do que seja solidariedade.[17] Diz ele:

> Uma vez que a pré-preocupação esteja em funcionamento, a aprendizagem e a inteligência podem acionar a ela novas camadas de complexidade, acrescentando cada vez mais discernimento às respostas do organismo, até a emergência da solidariedade plenamente desenvolvida. [...] Uma vez que é com esse nível de solidariedade que nós, os adultos humanos, estamos familiarizados, temos o hábito de pensar na solidariedade como se tratasse de um único processo, isto é, como algo que se tem ou não se tem. Mas, na realidade, a solidariedade envolve muitas camadas diferentes que foram sendo acrescentadas pela evolução, ao longo de milhões de anos (p. 141).

Nossa capacidade de reconhecer o outro é uma herança da espécie a ser desenvolvida por um longo processo formativo, em que as artes, as humanidades e a experiência estética têm uma contribuição relevante, sobretudo para ampliar nossa capacidade imaginativa de colocar-nos no lugar do outro. As crianças, como os animais, demonstram sentimento de empatia e interesse pelo outro, fruto de nossa herança evolutiva, mas isso exige a superação de muitas dificuldades, desde a capacidade de distinguir a si mesmo do outro – experiência que o bebê começa nos primeiros meses de vida, por meio de sua condição corpórea, do tato e de sensações visuais –, passando pela superação do

---

[17] Chama a atenção a aproximação da pré-preocupação com a questão da pré-compreensão hermenêutica.

narcisismo de controlar os outros, até chegar à compreensão de que não estamos sós no mundo. Não há, pois, uma condição exclusiva do homem, mas sim, como adverte Welsch, "uma singularidade que se constitui gradualmente, em que o homem se descobre num leque de capacidades, as quais não vêm unicamente só do homem" (WELSCH, 2004, p. 64).

A tese de de Waal, pelo seu caráter inovador e até provocador, foi objeto de debate nas Conferências Tanner sobre Valores Humanos, na Universidade de Princeton, em 2003, tendo como debatedores os filósofos Robert Wright, Christine Korsgaard, Philip Kitcher e Peter Singer. A pergunta apresentada por de Waal foi: "dado que existem razões científicas de peso para supor que o egoísmo (ao nível genético) é um mecanismo primário de seleção natural, como é que os humanos têm desenvolvido um vínculo tão forte como o valor da bondade?" (DE WAAL, 2007, v. 8, p. 13). Seus interlocutores compartilham a explicação científica da evolução biológica pela seleção natural, mas não se identificam com a proposta do cientista de que, do ponto de vista da moralidade, não haveria uma ruptura com nosso passado animal. Christine Korsgaard, apoiada na concepção kantiana, argumenta que a moralidade está associada à nossa capacidade de autogoverno normativo e controle das intenções, sendo isso especificamente humano, não observável em animais não humanos – pois não depende apenas da inteligência, mas da razão, que é capaz de justificar nossas crenças. A diferença entre homem e animal, afirma Korsgaard, "não é meramente uma questão de grau" (p. 151).

Philip Kitcher também defende uma delimitação entre comportamento animal, movido pelas emoções, e a moralidade humana, que se baseia no autogoverno e na habilidade de usar a linguagem com os outros para discutir questões morais. Reconhecendo importantes avanços na pesquisa do primatólogo de Waal, Kitcher considera que, como ainda não temos clareza do tipo de altruísmo psicológico dos animais não humanos e quais desses tipos são significativos para a moral, "é prematuro assegurar que a moralidade humana é 'resultado direto' das tendências que esses animais compartilham conosco" (p. 165).

Embora não tenhamos consenso entre os argumentos provenientes da ciência e da filosofia quanto à questão da moralidade, destaca-se, contudo, que o predomínio de uma visão hierárquica durante vários séculos trouxe problemas que só adquiriram visibilidade posteriormente. O entendimento de que a natureza animal do homem é inferior à racional e o dualismo corpo e alma possibilitaram ao pensamento ocidental transpor esse modelo para a própria razão. Assim, aqueles elementos animais e mortais, que indicam nossa impotência, são colocados na condição de o "outro da razão" (BÖHME; BÖHME, 1985). Se a razão representou o oposto da natureza animal, o outro da razão albergou o corpóreo, a natureza, os sentimentos, o desejo. Aqui está presente o modelo da lógica aristotélica de inclusão de classes, que induz o ato de pensar pela categorização das coisas, situá-las por identificação e diferenciação – pensamento este que está na base do entendimento do outro como contraposição à identidade, que é dada pelo racional. Aquilo que rompe com a harmonia, o que é diferente, passa a ser o outro, ou seja, é transferido para outra categorização porque já não está integrado a uma totalidade. O poder identificador da razão exclui aquilo do qual não se apropria, por isso ela pode ser caracterizada como um "processo de demarcação, seleção e reajustamento" (p. 13), que dificultou constituir o outro como objeto da ética. A razão sofre também do choque narcísico por não reconhecer que a condição humana não é a mais elevada da natureza.[18] O eu soberano, que se põe como centro, encara tudo o que lhe é estranho como desrazão, caos ou mal. Nesse sentido, "a autodeterminação da razão deixa sua relação com o outro como não razão" (p. 11).

---

[18] Nietzsche teve plena consciência disso, o que o levou a nomear a razão como corpórea. Ver o capítulo 2 deste livro.

| CAPÍTULO II

O APARECIMENTO DO OUTRO NO CENÁRIO FILOSÓFICO MODERNO

> *A mais bela metempsicose é vermo-nos surgir no outro.*
>
> Goethe, *Máximas e reflexões*

Arthur Schopenhauer (1788-1860), com o mundo da vontade e do desejo, e Friedrich Nietzsche (1844-1900), com o mundo dionisíaco, são dois pensadores que trazem para o filosofar a dimensão obscura, instintiva, dinâmica e incontrolável daquilo que até então não havia sido considerado na nossa relação com o mundo. Esses filósofos pensaram aquilo que não é ainda compreendido, lançando novas luzes sobre a questão do outro, que se encontrava limitado pela fundamentação racional da ética. Um influxo de pensamento dessa natureza não reverberou apenas nas discussões éticas. Basta lembrar que em uma das direções assumidas por essa influência encontra-se o conceito freudiano de inconsciente.[19]

Como observa Simmel, o mundo moderno foi impulsionado por fins absolutos além de toda a singularidade, e essa ânsia se percebe inalcançável. A filosofia de Schopenhauer e Nietzsche expressa tal estado de ânimo do homem moderno. Enquanto Schopenhauer

---

[19] Schopenhauer é considerado precursor de Freud, conforme este mesmo o declara no texto *Uma dificuldade no caminho da psicanálise*: "Há filósofos famosos que podem ser citados como precursores – acima de todos, o grande pensador Schopenhauer, cuja 'Vontade' inconsciente equivale aos instintos mentais da psicanálise" (FREUD, 1988b, p. 153).

"se detém na negação da vontade do fim último", e só pode concluir pela negação da vontade de viver, Nietzsche encontra no fato "da evolução do gênero humano a possibilidade de um fim que permite à vida afirmar-se" (SIMMEL, 2005, p. 15).

Com os dois filósofos encontramos um conjunto de forças canalizadas para o aumento da eficácia do processo vital, que ultrapassa a clássica oposição corpo e alma. Nessa perspectiva, nem todas as nossas experiências e os nossos conhecimentos são conduzidos pelo entendimento, tampouco a consciência abrange todo o nosso ser. Estamos profundamente ligados por um processo vital, que traz consigo a força das pulsões instintivas. Aquilo que foi considerado o núcleo de nossa subjetividade, seja consciência, seja razão, é a superfície de algo mais complexo. Isso desestabiliza o que vinha sendo acreditado pelos sistemas filosóficos, trazendo novos problemas para a ética. Ou seja, esse filosofar aponta a presença do egoísmo e do querer humano no agir. Questiona a base não racional da ética, rompe com o caráter abstrato do pensar mas, sobretudo, abre espaço para o outro e para a diferença, seja o outro enquanto sentimento de compaixão, seja a radical corporeidade da razão, que manifesta o perspectivismo. Em ambos se estabelece a impossibilidade de um acesso pleno ao mundo interior, o reconhecimento da força pulsional que cria e inventa e a despedida de qualquer salvação. É uma abordagem que dilacera a totalidade, traz a imanência e introduz o outro no cenário filosófico moderno. Constitui-se em um pensamento revolucionário porque permite dar visibilidade àquilo que ficou desconsiderado por séculos e que denegou a problematização do estranho e do outro. Assim, este texto opera com alguns conceitos do pensamento de Schopenhauer e de Nietzsche, que desestabilizam camadas profundas de um pensar abstrato e afastado da vida, para entretecer aqueles elementos que mostram o outro já incluído no eu. Sem esses profundos movimentos do pensamento, não chegaríamos à consciência da não identidade, decisiva para a abertura ao outro. Trata-se de um recurso metodológico para expor àqueles momentos que dão visibilidade à alteridade, sobretudo na dimensão em que o outro também aparece como o estranho, aquilo que é heterogêneo a nós, associado ao inquietante, ao não familiar.

Arthur Schopenhauer: o outro na compaixão

A vontade, um conceito decisivo na filosofia de Schopenhauer, coloca em cena aqueles elementos que não faziam parte do *topos* filosófico.[20] A interpretação inovadora da vontade resulta de "uma leitura sensível" dos textos românticos sobre a natureza, particularmente de Schelling. Para o espírito agudo de Schopenhauer não foi difícil perceber o disfarce na natureza e "apontar-lhe a falha na raiz" (MAIA-FLICKINGER, 1993, p. 564). Os românticos, em sua estética, libertaram o conceito de sublime das medidas harmônicas do belo e indicaram que a consciência abandona todos os limites, abrindo na sensibilidade uma esfera sobressensível, em que o

---

[20] A vontade (*Wille*) é um conceito que tem origem na *coisa-em-si* kantiana. Contudo, Schopenhauer conferiu-lhe um tratamento original. Segundo suas palavras, Kant "não reconheceu diretamente na vontade a *coisa-em-si*; porém deu um passo em direção a este conhecimento, na medida em que expôs a inegável significação moral da ação humana como completamente diferente, e não dependente, das leis do fenômeno, nem explanável segundo este, mas como algo que toca imediatamente a coisa-em-si" (SCHOPENHAUER, 2004, v. I, p. 570).

eu se assusta com o não-eu. Isso leva Schopenhauer a distinguir-se do criticismo idealista, pois mantém "o desvio da própria sensibilidade, sem resolvê-lo na razão" (p. 565).

O corpo (*Leib*) e o sentimento (*Gefühl*), opostos ao conceito, desempenham um papel de destaque na sua teoria, como até então não havia no pensamento filosófico. A origem de nossa relação com o mundo é afetiva, pois são a morte e os sofrimentos com as decepções da vida que provocam a pergunta pelo que é o mundo. Schopenhauer situa energicamente o corpo como centro, não porque queira contrapor-se à ideia idealista do mais além da alma, mas "porque quer acabar com a ilusão de que é possível escapar à prepotência deste [do corpo]. [...] Não tinha a menor pretensão de compensar a ilusão destroçada de uma ascensão da alma ao céu com a ilusão de uma ascensão de beatitude do corpo" (SAFRANSKY, 1991, p. 311).

Na natureza humana há um princípio irracional, desprovido de qualquer fundamento, que é a vontade, o núcleo da subjetividade corpórea. Schopenhauer subordina a razão à intuição e, mais radicalmente, a representação à vontade, rompendo com a tradição idealista de que o ser verdadeiro do homem está na consciência ou no conhecimento consciente. O querer não é apreensível pelas categorias sujeito-objeto da modernidade. A vontade nada tem de intelectualizada, tampouco é tributária da filosofia da consciência, que a relaciona com uma intencionalidade. Ao contrário, é um impulso primário e vital, que permite apanhar o mundo antes da representação, fora da relação sujeito-objeto. O conhecimento sobre o mundo é vivido pelo próprio corpo, e o interesse pelo mundo não surge do conhecimento, mas o precede. Schopenhauer pergunta:

Que é esse mundo intuitivo tirante o fato de ser minha representação? Por acaso é aquilo de que estou consciente apenas uma vez como representação exatamente como meu próprio corpo, do qual estou duplamente consciente, de um lado como *representação*, de outro como *vontade*? (SCHOPENHAUER, 2004, v. I, p. 51).

A vontade é um movimento circular, não tem esperança, tampouco está a serviço de um projeto histórico. Essa vontade, não sendo mais um princípio anímico que comandaria o corpo, resulta num conceito ampliado e original. De acordo com suas palavras:

> Ampliei muito a extensão do conceito de "vontade"... Antes só se reconhecia a vontade quando acompanhada de conhecimento e quando um motivo determinava sua exteriorização. Mas o que eu digo é que todo o movimento, toda a configuração, todo o impulso e todo o ser é manifestação e objetividade da vontade, posto que esta é o *em-si* de todas as coisas, quer dizer, o resíduo que fica quando prescindimos de que o mundo também é representação (SCHOPENHAUER, *Der Handschriftliche Nachlass, apud* SAFRANSKY, 1991, p. 285).

Em *O mundo como vontade e como representação* (1818), sua principal obra, Schopenhauer mostra que o mundo não é transparência, e que, uma vez constituído de uma "vontade cega", desprovida de qualquer finalidade ou desígnio, essa vontade indômita só se acalma pela contemplação estética, que produz o "consolo metafísico". A arte oferece momentos de fruição e êxtase que nos livra dos sofrimentos da vida, da inquietude da vontade que não cessa de desejar. Temos, pela contemplação estética, acesso à "Ideia", uma objetivação do querer cósmico, o essencial do mundo, que produz um perder-se no objeto. É uma espécie de êxtase da intuição, que faz com que o eu individual se anule. Para Schopenhauer, a arte nos possibilita

> [...] a capacidade de comportar-se de maneira puramente intuitiva, de perder-se na intuição e subtrair o conhecimento do serviço da vontade, serviço a que estava originariamente destinado. Ou seja, para perder completamente de vista o próprio interesse, a própria vontade, os próprios objetivos, fazendo assim a personalidade ausentar-se completamente por um tempo, restando apenas o *puro sujeito cognoscente*, claro olho cósmico (SCHOPENHAUER, 2004, v. I, p. 266).

A libertação que a contemplação estética oferece ainda não é plena, pois, enquanto dominado pela vontade, o indivíduo é egoísta e a convivência entre os homens torna-se uma luta de todos contra todos, o que gera violência e destruição. Da própria filosofia de Schopenhauer emerge a ética como uma primazia, justamente porque tratará das ações entre os homens. Mesmo diante de todo o cenário infernal, há um sentimento que move nossas ações, em que nos descobrimos fazendo parte da mesma vida. Cada um pode se ver no outro, pois o um e o outro estão juntos na vida. O outro também tem querer, todos têm a mesma natureza e, quando isso é percebido, apaga-se a diferença entre os indivíduos. Desse modo, "o sofrimento visto em outros o [o indivíduo] afeta quase tanto como se fosse seu; procura, então, restabelecer o equilíbrio: renuncia aos gozos, aceita privações para aliviar o sofrimento alheio" (2004, v. I, p. 507).

O eu só se liberta do egoísmo quando sente esse sentimento da alteração da consciência, quando se leva pela sensibilidade, algo que nenhuma teoria e nenhum princípio abstrato podem fazer. Esse estado só seria atingido pela conduta moral e chama-se *compaixão* (*Mitleid*), uma capacidade de colocar-se no lugar do outro, que é o verdadeiro fundamento da moral. Aqui ocorre a negação da vontade como acontecimento e não como um conhecimento que nos afeta. Essa vontade se transforma em autossupressão. A compaixão prepara o movimento conceitual para a mística negação da vontade, que nos faz reconhecer o outro. A longa citação que segue mostra a compaixão como vivência de um sentimento intenso, que leva a superar o *principium individuationis*, um despegar-se da vontade:

> Quando é retirado o véu de Maia dos olhos de um homem, se dissipa o *principium individuationis* e já não faz mais diferença egoística entre sua pessoa e os outros, no entanto, compartilha em tal intensidade dos sofrimentos alheios como se fossem os seus próprios e assim é não apenas benevolente no mais elevado grau, mas está até mesmo pronto a sacrificar o próprio indivíduo tão logo muitos precisam ser salvos; então, daí segue-se automaticamente que esse homem reconhece em todos os seres o próprio íntimo, o seu verdadeiro si-mesmo, e, desse modo, tem que considerar também os sofrimentos infindos de todos os viventes como se fossem seus: assim toma para si mesmo as dores do mundo; nenhum sofrimento lhe é estranho. Todos os tormentos alheios que vê e raramente consegue aliviar, todos os tormentos dos quais apenas sabe indiretamente, inclusive os que conhece só como possíveis, fazem efeito sobre o seu espírito como se fossem seus. Reconhece o todo, capta a essência do mesmo e o encontra preso no devir contínuo, numa ânsia vã, na discórdia interior e no sofrimento contínuo.

> Para qualquer lugar que dirija o olhar, vê a humanidade sofrente e a dor dos animais, assim como o mundo se desvanece em nada. E tudo isto lhe é agora tão próximo quanto é a própria pessoa para o egoísta. Como poderia, mediante tal conhecimento do mundo, afirmar precisamente esta vida por constantes atos da Vontade e, exatamente dessa forma, atar-se cada vez mais fixamente a ela e abraçá-la cada vez mais vigorosamente? Assim, aquele que ainda se encontra preso ao *principium individuationis*, apenas conhece coisas isoladas e as relações com sua pessoa, coisas que renovadamente se tornam motivos para seu querer; ao contrário, aquele conhecimento do todo e da essência das coisas torna-se quietivo de todo e qualquer querer. Doravante a Vontade efetua uma viragem diante da vida: fica terrificada em face dos prazeres nos quais reconhece a afirmação desta. O homem, então, atinge o estado de voluntária renúncia, resignação, verdadeira serenidade e completa destituição da Vontade (p. 514).

No ponto mais alto da negação da vontade encontra-se a ascese, o mistério da autossupressão. Apesar de Schopenhauer admirar Kant, percebe-se a diferença de sua ética para a moral kantiana de princípios abstratos, de base racional e afastados da vida. Sua crítica desacredita a lei formal e universal, porque ela não é afetada pelas paixões humanas. É justamente pela via de afastamento do abstrato que Schopenhauer articula de modo inovador o aparecimento do outro. Em *Über die Grundlage der Moral* (*Sobre o fundamento da moral*), afirma que conceitos incondicionados como "lei, mandamento, dever" têm sua origem em "uma moral teológica" (2004, v. III, p. 648), baseada numa espécie de cálculo das recompensas para obter a boa ação, e não na superação do egoísmo, como deve ser a ética. Ele rejeita a forma coercitiva do imperativo categórico, em favor de uma ética da compaixão, pela qual somos capazes de sentir os sentimentos dos outros, de superar o egoísmo. A razão, do ponto de vista de sua pureza, não disporia dos recursos para definir a lei moral, exceto pelo critério de universalização, que, segundo Schopenhauer, não nos livra do egoísmo. A experiência indica que os motivos do agir moral devem-se ao egoísmo. Mas há também casos em que queremos o bem dos outros, motivados pela compaixão (p. 737 ss). Assim, a boa ação deve fazer o bem a outrem e evitar o mal, a ponto de desaparecer a diferença entre o eu e o outro. A individualidade e seu egoísmo são negados pela dissolução do eu em um outro, seja humano ou animal. Sua proposta não só se afasta da ética de seu tempo, especialmente de Kant, como antecipa muitos dos problemas da ética atual. A ética da compaixão estende seus efeitos até aos animais e à natureza, porque somos irmanados pelo princípio comum do querer, o que faz com que o outro não seja estranho.

O acesso que temos ao outro, uma vez rompido o princípio de individuação, se dá pelo sentimento da compaixão e não por um princípio racional. Padecemos com o outro, isto é *com-paixão*. Nossa ação não seria moral quando aumenta a dor do outro ou lhe fica indiferente. Schopenhauer reconhece que ter a compaixão como motivo é o "grande mistério da ética" (p. 741). Safransky notou bem como ocorre essa ética:

> Quando o indivíduo deixa penetrar dentro de si o sofrimento dos outros é porque já compactuou uma aliança secreta com o grande "não" à vontade de viver. A vontade compassiva já está em processo de "conversão". Mas, como dissemos, nada disso

pode ser induzido e nenhuma sabedoria da vida o exige imperiosamente, sucede ou não sucede (SAFRANSKY, 1991, p. 457).

Embora a ética da compaixão em nada se assemelhe à ética da felicidade, sabemos que Schopenhauer escreveu *Aforismos sobre a sabedoria da vida*[21], uma espécie de acomodação prática ao seu pessimismo metafísico, em que a vida feliz só é possível com restrições. É uma ética que trata de sobreviver pela prudência, pois o que importa é evitar as dores. Na introdução dos *Aforismos*, Schopenhauer alerta para o caráter adaptativo dessa proposição: "Em consequência, toda a exposição que aqui faremos, de certa forma, repousa sobre uma acomodação, na medida em que permanece num ponto de vista empírico e habitual e capta seu erro" (SCHOPENHAUER, 2004, v. IV, p. 375).

Estabelecemos uma luta com o mundo exterior para apaziguar a vontade e isso produz uma dolorosa ruptura até chegarmos a ser nós mesmos, pelo esforço de extrair, por meio da imaginação e da fantasia, um desenvolvimento consciente de si. O próprio Schopenhauer refere-se a esse espinho doloroso na carne, que é o convívio em sociedade, conforme relata na fábula do porco-espinho:

> Os porcos-espinhos se juntavam apertadamente, num dia frio de inverno, para proteger-se do frio com o calor mútuo. Contudo, logo começaram a sentir os espinhos uns dos outros, o que fez com se afastassem novamente. Quando a necessidade de calor os aproximou novamente, se repetia o mal; de modo que se moviam entre ambos os

---

21 Esses *Aforismos* encontram-se no livro *Parerga und Paralipomena*, publicado em 1851.

sofrimentos, até que encontraram uma distância adequada, dentro da qual podiam se suportar da melhor maneira (v. V, p. 765).

Certamente que o acesso à alteridade que a filosofia de Schopenhauer proporciona não constitui ainda um pensamento do outro por ele mesmo, mas expressa a ruptura do princípio de individuação, a luta contra a autoafirmação e a viragem da experiência estética que reforça a imaginação e traz a dissolução do indivíduo num outro. Isso prepara nosso olhar para a alteridade e cria as condições para uma nova sensibilidade.

Friedrich Nietzsche: o corpo como outro

Influenciado por Schopenhauer, Nietzsche transformará a negação da vontade em vontade de poder, dizendo um sim à vida. Ao produzir essa transformação, não mais subscreve qualquer forma de compaixão; ao contrário, inaugura uma vontade de viver, que tem o corpo (*Leib*) como fio condutor, ultrapassando a clássica oposição corpo-alma da tradição ocidental. Tampouco subscreverá uma adaptação ao pessimismo: "Fechei os olhos", diz Nietzsche, "à cega vontade moral de Schopenhauer" (NIETZSCHE, 1988, v. 2, p. 14). No último período de suas reflexões, também discordará da interpretação schopenhaueriana de que a arte nos conduziria à "negação da vontade". Na sua *Tentativa de autocrítica*, em *O nascimento da tragédia* (1988c), rejeita o "consolo metafísico" baseado no romantismo e no cristianismo, para dizer que, apesar de toda a "educação para o sério e o horror", deve-se aprender o consolo "*deste lado de cá*" (1988c, v. 1, p. 22), sugerindo que se aprenda a rir para chegar à leveza. Nessa medida, Nietzsche dá início a um deslocamento, em que a inquietação da compaixão pelo sacrifício e autonegação da vida dá lugar à vida, o abstrato cede à pulsão, a *pequena razão* à *razão corpórea* (*leibliche Vernunft*), introduzindo no cenário filosófico a constituição corpórea da racionalidade como um outro até então desconsiderado. Nietzsche pede a elevação do homem exclusivamente pela valorização da vida, sem apelo a nenhum transcendente. Essa compreensão o leva a julgar doentia a filosofia que denega o corpo e deixa-se conduzir pelo "orgulho do espírito":

> O inconsciente disfarce de necessidades fisiológicas sob o manto da objetividade, da ideia, da pura espiritualidade, vai tão longe que assusta – e frequentemente me perguntei se até hoje a filosofia, de modo geral, não teria sido apenas uma interpretação do corpo e uma má-compreensão do corpo (1988b, v. 3, p. 348).

O próprio pensar se realiza numa correlação de forças "de todos os impulsos que nos constituem" (1988, v. 12, p. 26), portanto, a consciência é conduzida pelo fio condutor do corpo, que não se limita a ser a sede das paixões, como supôs a tradição. Isso acarreta múltiplas consequências para os modos como interpretamos os acontecimentos mais diversos, pois eles estão ligados à nossa conservação, ao modo como sentimos e como somos afetados, sem um ponto fixo de referência para a interpretação.

Só um método como a genealogia pode investigar a constituição histórica de conceitos, expondo as conexões, as relações entre certos tipos de atos, de modo a mostrar a razão como produtora de ficções para manter a vida, o que indica seu caráter perspectivista. Na medida em que a razão é corpórea, cada ser situa-se na sua perspectiva, como conservação e criação de vida.

No seu desenvolvimento histórico, para se preservar, a razão (no caso, a pequena razão) exclui a diversidade, submete tudo às categorias abstratas, num *pathos* de ressentimento. Nietzsche destaca a importância das "inversões das perspectivas e valorações costumeiras", para não rebaixar o corpóreo e os afetos a uma ilusão:

> De agora em diante, senhores filósofos, guardemo-nos bem contra a antiga, perigosa fábula conceitual que estabelece um "puro sujeito do conhecimento, isento de vontade, alheio à dor e ao tempo", guardemo-nos dos tentáculos dos conceitos contraditórios como "razão pura", "espiritualidade absoluta", "conhecimento em si"; – tudo isso pede que se imagine um olho que não pode ser absolutamente imaginado, um olho voltado para nenhuma direção, no qual as forças ativas e interpretativas, as que fazem com que ver seja ver-algo, devem estar imobilizadas, ausentes; exige-se do olho, portanto, algo absurdo e sem sentido. Existe *apenas* uma visão perspectiva, apenas um "conhecer" perspectivo e *quanto mais* afetos permitirmos falar sobre uma coisa, *quanto mais* olhos, diferentes olhos soubermos utilizar para essa coisa, tanto mais completo será nosso "conceito" dela, nossa "objetividade" (1988d, v. 5, p. 365).

A crença idealista, que por muitos séculos orientou a vida, é desacreditada, e surge a desconfiança de tudo o que foi tido como verdade. Nietzsche denegará a orientação abstrata e a promessa de salvação e consolação, próprias da visão cristã, por uma compreensão do homem orientada por processos fisiológicos, corpóreos, em que a dinâmica de tais processos vitais assume um papel como ainda não se lhes havia atribuído. Nesse sentido, afirma que só existe "nosso mundo de apetites e paixões, que não podemos descer ou subir a nenhuma outra 'realidade', a não ser precisamente à realidade de nossos impulsos – pois pensar é apenas uma proporção desses impulsos entre si" (1988a, v. 5, p. 54). Por muito tempo, a razão ateve-se na busca de algo seguro e estável, queria suplantar a própria vida, através da sistematização, do universal, da esquematização. Esse procedimento expulsa a diversidade, a singularidade e a diferença em favor do princípio da identidade, que se tornou o princípio por excelência da estruturação de nossa relação com o mundo. Esse teria sido nosso erro, rebaixando o corpóreo. Tal crítica conduz Nietzsche à "grande razão" ou "razão corpórea" (*leibliche Vernunft*), que presta atenção àquilo que escapa à metafísica, ou seja, o devir do ser, que não tem referente fixo. Em *Assim falava Zaratustra* (1988a, Nietzsche refere que o corpo é a grande razão: "Todo eu sou corpo, e nada mais; a alma não é mais que um nome para chamar algo de corpo" (1988, v. 4, p. 39). O corpo como a *grande razão* inverte o princípio da subjetividade da filosofia moderna. Não somos consciência nem alma, mas sim corpo: "Há mais razão em teu corpo do que tua melhor sabedoria" (p. 40). O problema é que o corpo é negado na história. A genealogia do conceito de consciência, ao mostrar a origem da má consciência, é exemplar do processo que quer negar a razão corpórea:

> Todos os instintos que não se descarregam para o exterior voltam-se *para o interior* – isso é o que eu denomino a *internalização* do homem: com isso inicialmente se desenvolve no homem aquilo que mais tarde se denomina "alma". A totalidade do mundo interno, originalmente fino como se posto entre duas peles, juntou-se e surgiu, recebeu

profundidade, largura e altura à medida que a descarga para o exterior do homem havia sido travada (1988d, v. 5, p. 322).

Ou seja, a consciência nada teria de transcendental, tampouco é categorialmente diferenciada da animalidade. Ela é resultado de processos vitais, de internalização e incorporação de pulsões reprimidas. A moralidade se constitui como costumes que modelam as pulsões. As diversas referências à animalidade indicam que o corpo à ela está vinculado, e que as produções mais sofisticadas, como os sistemas de pensamento e de moral, são resultados de nossas pulsões e de nossa animalidade, e não como presume todo o logocentrismo. Isso não deixa de ser um choque que coloca em cena um acontecimento inusitado, pois inverte toda a verdade até então acreditada: a razão não é transcendental, tampouco mais elevada a nos diferenciar do reino animal, mas ela é corpórea e o espírito humano refere-se à natureza. Nas palavras de Nietzsche:

> Os primórdios da justiça, assim como da prudência, da moderação, da valentia – em suma, tudo aquilo que designamos pelo nome de *virtudes socráticas* é *animal*: uma consequência dos impulsos que ensinam a procurar o alimento e escapar aos inimigos. Se considerarmos que também o homem superior apenas se elevou e refinou no *tipo* de alimentação e na ideia do que lhe é hostil, será lícito caracterizar todo o fenômeno da moral como animal (1988b, v. 3, p. 37).

Nessa medida, em Nietzsche, o outro não é o objeto de compaixão, como em Schopenhauer. Ao contrário, o outro é o corpo enquanto a força que conduz o homem a ser senhor de si mesmo, ou seja, afirmar a vontade de potência, equilibrar-se em seus próprios labirintos e, com isso, produzir a singularidade e a diferença. Quem não consegue isso se torna fraco e inverte a hierarquia de valores, transpondo a força da dominação na virtude da humildade. Aqui há uma aposta da dissolução da ética da compaixão de Schopenhauer em favor do desprezo à compaixão[22] e da crítica ao ressentimento. Mas que é o corpo como grande razão? O corpo refere-se à vontade de poder, interessada no devir, na criação. Como destaca Marques, na razão corpórea "o fio condutor do corpo será como o fio de Ariadne que orientará a experiência nos terrenos desconhecidos da singularidade e da diferença" (MARQUES, 1989, p. 59). O contrário disso é a pequena razão sistematizadora, que despreza a diferença e a criação e busca a homogeneização.

É justamente na vinculação da razão corpórea com a produção do perspectivismo que Nietzsche faz o alargamento do horizonte interpretativo, situando o sentido do outro como algo experimentado, como "uma procura voluntária dos lados amaldiçoados e

---

[22] Na interpretação de Safransky, Nietzsche luta a vida inteira contra a compaixão. Entretanto, ela possui um papel na abertura de Nietzsche ao Inaudito do social, que "é grandemente condicionada por uma espécie de sensibilidade que ele não aprecia particularmente em si próprio, e contra a qual mais tarde até vai lutar furiosamente. Trata-se da compaixão. Um poder-compadecer-se sensível intuitivamente também enxerga as longas cadeias causais do sofrimento entre as pessoas. Quando as cadeias causais entre a ação aqui e seu efeito como malefício ali são curtas, falamos de culpa; se são um pouco mais longas, falamos de tragédia; culpa e tragédia podem atenuar-se em cadeias causais mais longas tornando-se um mero mal-estar. Uma pessoa com sentimento de justiça mais delicado descobre mesmo nesse mal-estar difuso o escândalo que reside em ele continuar sendo um sobrevivente que vive do fato de outros sofrerem aflições e morrerem. Nietzsche – com sua paixão pelo trágico e seu talento para a compaixão – descobre o Inaudito também como contexto universal de culpa de toda a vida humana" (SAFRANSKY, 2001, p. 151).

infames da existência" (NIETZSCHE, 1988g, v. 13. p. 492). Nietzsche mesmo confessa que aprendeu a ver tudo de outro modo, daí sua genial afirmação: "Quanta verdade suporta, quanta verdade ousa o espírito?" (p. 492), numa evidência de que a *grande razão* corpórea conduz a singularidades, a modos inteiramente outros de ser, que exigem ousadia. Nesse empenho, o filósofo rompe com a fixidez da metafísica, "desamarra a terra de seu sol", como disse no célebre aforismo 125 de *A gaia ciência*, para dar visibilidade ao outro como afirmação de tudo que foi negado.

Considerando o exposto, pode-se reconhecer que Schopenhauer e Nietzsche, ao liberarem os elos do pensamento da identidade e ao introduzirem o tema da corporeidade, criam as condições para o aparecimento do outro no cenário filosófico, como objeto de tematização que desafia o modo de pensarmos as questões éticas e, consequentemente, as questões educativas. Cada época problematiza conceitos que transformam a própria autocompreensão do espírito. Nesse sentido, os esforços teóricos de Schopenhauer e Nietzsche deram visibilidade ao outro, introduzindo-o na cena filosófica sob duplo aspecto: como o outro da razão, na medida em que mostra a presença dos impulsos no pensar, em oposição ao caráter abstrato prevalente; e como o estranho, como aquilo que não é reconhecido pelo pensamento da identidade, aquilo que é heterogêneo em relação a nós.

Aplainado o caminho por tais esforços teóricos, abrem-se as perspectivas para considerar que nossa ação moral é afetada pelas emoções, pelas forças vitais, pelo corpóreo e pela sensibilidade. Nussbaum destaca a importância desse ponto de vista para a educação moral, que se revela na possibilidade de desenvolvimento de emoções favoráveis ao reconhecimento do outro tais como outras etnias e religiões: "Podemos esperar nutrir boas formas de olhar, que simplesmente evitem o ódio, sem termos que confiar na ideia de que devemos a todo momento suprimir uma tendência agressiva" (NUSSBAUM, 2008, p. 268). A consideração dos afetos e das emoções nos ensina a reconhecer e a lidar com a vida impulsiva, com a singularidade e com a diferença.

CAPÍTULO III

UMA FENOMENOLOGIA DO OUTRO

> *Uma das minhas preocupações constantes é compreender como é que outra gente existe, consciências estranhas à minha consciência que, por ser consciência, me parece ser a única.*
>
> Fernando Pessoa,
> *Livro do desassossego*

A fenomenologia, um método adequado para indagar as questões humanas, oferece uma abordagem em que o outro aparece no plano da experiência, como nos é dado numa relação existencial. Com isso, evitam-se os equívocos de considerá-lo a partir de um processo de identificação, ou de um modelo objetivo que configure sua verdade. Aqui se percorrem as veredas da suspeita abertas por Nietzsche e Freud quanto à autossuficiência da razão. A pesquisa fenomenológica pensa a alteridade – o que inclui o outro, a diferença, o estranho – trazendo uma contribuição nova em relação à tradição do pensamento, em que o outro deixa de ser interpretado a partir do si mesmo. Deve-se recordar que há diversas correntes fenomenológicas, mas Edmund Husserl (1859-1938) definiu precisamente o termo com sua profunda investigação. Se fenômeno não significa meramente a aparência, mas é tudo aquilo que se oferece à pura observação, a fenomenologia faz uma leitura do fenômeno, tal como ele se apresenta. Permite radicalizar a experiência, pois a entende, em primeiro lugar, como um acontecer, no qual a coisa mesma aflora, com a qual somos confrontados. A "experiência faz, ou seja, sofremos algo e não produzimos algo" (WALDENFELS, 1997, p. 19). Esse conceito, além de refutar a tradição do empirismo, interpõe-se também contra o racionalismo, que a compreende a partir de categorias prévias de pensamento. Ao contrário, é no acontecer da experiência que se forma e se articula sentido. Não há, portanto, a pressuposição de que a realidade e o modo de acessá-la sejam separados. A experiência enquanto um acontecer supõe um estranhamento e uma alteridade.

O tema da experiência do outro é introduzido fenomenologicamente por Husserl na obra *Meditações cartesianas*, publicada em 1931. A subjetividade é constituída numa pluralidade de subjetividades – os outros, que me são dados não como meras coisas, mas numa coparticipação do ego. Especificamente, na quinta meditação, Husserl aborda o outro no âmbito da experiência transcendental, em que o outro se dá para mim. Sua argumentação mantém ainda os influxos cartesianos, porque se encontra energicamente apoiada no eu. Nesse sentido, Husserl afirma: "Do ponto de vista fenomenológico, o outro é uma modificação do 'meu' eu (que, por sua vez, adquire esta característica de ser 'meu' eu graças ao acoplamento necessário que os opõe)" (HUSSERL, 1992, p. 118). De que forma esse outro se apresenta? Ele aparece como um *alter ego* por analogia comigo mesmo, que sou um *ego*. Ao dar-se ele mesmo, ele se descobre a mim como estranho. E isso, segundo Husserl, permite constituir o "*domínio novo e infinito do estranho, de uma natureza objetiva* e de um *mundo objetivo* em geral, ao qual pertencem os outros e eu próprio" (p. 109). E ao dar-se, ele apresenta seu corpo, seus gestos, mas a força psicológica de suas vivências me escapa. É na presença do corpo que a consciência do *alter ego* aparece no eu. A citação que segue explicita o outro na condição de sujeito:

> Se me introduzo em outrem pelo pensamento e se penetro profundamente nos horizontes daquilo que lhe pertence debater-me-ei de imediato com o seguinte fato: da mesma forma que o seu corpo se encontra no meu campo de percepção, o meu encontra-se no campo de percepção dele e, geralmente, apreende-se tão imediatamente como "outro" para si como eu o apreendo como "outro" para mim. Vejo igualmente que a multiplicidade dos outros se apreende reciprocamente como "outros"; em seguida, posso apreender cada um dos "outros" não só como "outro", mas como se referindo a todos os que são "outros" para si e, portanto, ao mesmo tempo, imediatamente para mim próprio (p. 133).

A alteridade aparece na medida em que o outro é um outro eu, mas impenetrável para mim. Trata-se de uma apreensão que não é simples. A experiência do outro passa a ser considerada como "a acessibilidade verificável do que é originalmente inacessível" (p. 117). Essa definição husserliana, determinada paradoxalmente, segundo Waldenfels, não inicia com a definição do que é estranho, mas na forma de acessibilidade – que, por sua vez, é uma inacessibilidade. O estranho não é acessível a mim como ocorre com o próprio, que é acessível e me pertence. Isso nos leva a reconhecer que o lugar do outro e do estranho na experiência é um não-lugar (WALDENFELS, 1997, p. 26). Ou seja, o estranho não se encontra a espera de ser conhecido, como um ainda-não. Ele se constitui como *ausência*, como distância e impossibilidade. Radicalizando a análise, Waldenfels entende a experiência do outro como resposta, que não começa com nossa intenção, tampouco provém de um comum entendimento, mas de algo que acontece, que provoca uma resposta. Segundo o filósofo, o caminho que levou a pensar o outro como um si mesmo foi "pavimentado com muitas deficiências" (1998, p. 89). Um desses caminhos refere-se ao universal formal, que sonega a pluralidade, criando dificuldade em reconhecer o que não é idêntico. Um segundo caminho conduz ao individualismo, à particularidade do eu, em que o outro é um espelhamento do si próprio.

Os dois casos podem ser exemplificados com situações educacionais cotidianas. O universal formal, presente nas idealidades pedagógicas, define padrões de comportamentos, características e normas de ação para alunos que deixam escapar aquilo que não se enquadra a essa determinação. Quem não aprende no mesmo ritmo, não demonstra certas habilidades específicas, como a lógico-matemática, ou apresenta dificuldades na linguagem oral frequentemente sofre preconceitos, porque o ideal, definido abstratamente, exige do aluno as características desde já pressupostas não só pelo professor, como também pela organização curricular e didático-pedagógica. Esse é o caso em que o universal (ideal) exclui a diferença (o caso particular de um atributo que se desvia do ideal). O individualismo exacerbado, por sua vez, cria dificuldades de interação, pois o que extrapola o restrito âmbito do eu obstaculiza o reconhecimento do outro; mais que isso, não permite abertura à experiência. Muitas ações violentas são geradas por esse processo de apropriação/expropriação, vinculadas ao não reconhecimento daquilo que é diferente do eu, como são os casos de intimidação e humilhação, ainda frequentes no espaço escolar. Em nenhum dos casos o outro é apreendido, pois ele não pode ser captado como transformação do próprio nem como um mero momento do universal. O estranho nesses casos se faz estranho porque é diferente dos nossos padrões culturais interpretativos, como se vê nos casos de racismo e homofobia.

Ao indicar os problemas de pensar o outro como um si mesmo, a abordagem de Waldenfels já se afasta da trilha de Husserl. Para dar conta do problema, desenvolve uma análise do outro como estranho. Quando abordado como uma estranheza relativa a nós e não como "a coisa mesma", o estranho aparece como um déficit, pois

> [...] tudo o que é verdadeiro e bom para nós (*pros hemas*) se mede pelo que é verdadeiro e bom por si (*haplós*). O verdadeiro e bom em si irradia uma luz própria; na sombra de uma, por assim dizer, *estranheza absoluta*, em que aparecem unicamente os poderes do caos, do sem razão, do mal, da *pura privatio veri et boni*. Este "mundo invertido" não fragmenta de modo algum o mundo verdadeiro, mas desperta um peculiar *horror alieni* (WALDENFELS, 1988).

Diante dessa estranheza, Waldenfels propõe a experiência do outro como estranheza radical, que "sacode as raízes", que não entende mais o outro como déficit ou algo a superar. A primeira dimensão da estranheza refere-se à fronteira que delimita o outro e faz surgir o estranho, porque ele não está localizado na ordem, aquilo que permite a tudo ter seu lugar. Waldenfels refere diferentes ordens criadas pelo pensamento ocidental, como a ordem do cosmos grego, a ordem da criação e também a ordem racional universal, que estabelecem hierarquias e determinam o lugar. Nós diferenciamos algo sempre em relação a um ponto de referência, gerando binômios como inclusão/exclusão e dentro/fora, e essa assimetria torna-se impossível de eliminar. O estranho, afirma Waldenfels, "emerge de um processo que realiza simultaneamente a inclusão (*Eingrenzung*) e a exclusão (*Ausgrenzung*). [...] A esfera do estranho é separada da esfera do próprio por um limiar, como é o caso do sono e da insônia, da saúde e da doença, da velhice e da juventude, e ninguém jamais se encontra em ambos os lados do limiar ao mesmo tempo" (2007, p. 7).

Outra dimensão do estranho refere-se ao estranho em nós mesmos, pois o estranho já se encontra no eu, não é algo adicional a mim. A experiência do estranho não se refere a algo que existe e que é inacessível, um objeto para o outro, mas que se apresenta num "duplo acontecer", em que "eu mesmo sou participante como o outro; porém essa participação não acontece *pari passu*, mas no modo que eu próprio começo, não por mim mesmo, mas com a reivindicação do outro" (1997, p. 30). Ou seja, o duplo acontecimento do estranho pressupõe que há uma pretensão do outro e uma resposta ao outro.

O estranho se caracteriza, ainda, pela ambiguidade, pois é, ao mesmo tempo, tentador e ameaçador. É tentador porque abre novas possibilidades que não foram incluídas na ordem vigente e ameaçador porque desestabiliza essa mesma ordem. Nesse sentido, vale destacar que a experiência estética, pelo que provoca de estranhamento, igualmente nos desestabiliza, constituindo-se num modo de aproximação do outro pela abertura que se instaura – mas a isso voltaremos mais adiante.

Retomando a perspectiva aberta por Husserl da "acessibilidade que é originalmente inacessível", Waldenfels (2007) questiona como é possível fazer a experiência do outro sem diminuir ou sem abolir sua estranheza. Como ter acesso ao outro sem degradá-lo ou eliminá-lo? Isso implica o reconhecimento de que a abertura do horizonte da experiência e do entendimento não é ainda suficiente para interromper o processo de apropriação (2007, p. 16). Ou seja, há uma ambiguidade nesse processo, que mantém a ambos, o próprio e o outro.

Mas se não convergimos em relação ao outro, como podemos construir um mundo comum e reconhecer normas com validade universal? Como podemos fazer justiça à singularidade do outro e à existência de normas universais? Há uma atitude ética que possibilite o acesso ao outro? Essas são questões centrais para a formação, justamente porque sua imanente exigência ética traz a questão da relação com o outro, a orientação da ação correta válida para todos (universalidade da norma) e a capacidade de julgar e decidir considerando também os outros.

Uma das respostas a essa questão tem sido o diálogo, que assume perspectivas diferenciadas dependendo da abordagem teórica. Waldenfels não subscreve a tradição clássica do diálogo, justamente porque ela pressupõe um equilíbrio entre as partes e aponta para um consenso – aspecto este que o filósofo não considera possível de acontecer diante das questões apontadas pela fenomenologia do estranho. Sua crítica dirige-se, sobretudo, ao caráter imponente assumido pelo diálogo que tudo quer abarcar, para o qual todos têm o mesmo acesso e no qual, do mesmo modo, pelo menos a longo prazo, tudo pode ser tratado. Isso pertence, segundo Waldenfels, "às ilusões de um pensamento totalizante" (1997, p. 33). Desse modo, ele se afasta da tentativa de encontrar neste tipo de diálogo uma condição para corrigir o egocentrismo e o etnocentrismo e equilibrar o próprio e o estranho,[23] o eu e o outro.

Sua posição parte do duplo acontecer referido anteriormente, ou seja, a pretensão do outro e a resposta ao outro, que exigem outra lógica de acesso que não a proposta do diálogo nos moldes da tradição ocidental. Se consenso aqui não é possível, porque a pretensão do outro não se enquadra no campo comum de sentido, Waldenfels considera que há, contudo, correspondência; ou seja, é possível abrir-se à desorientação provocada pelo outro fora do círculo da intencionalidade, que toma o outro num determinado sentido e não deixa espaço para que o estranho aconteça. A resposta ao outro não se dá no enquadramento das normas; ao contrário, ela rompe com a familiaridade da formação de sentido e das normas. O duplo acontecer do outro requer uma lógica de resposta inteiramente peculiar, na qual Waldenfels inclui aspectos como a singularidade, a inevitabilidade e a assimetria.

O acontecer do outro traz a singularidade, que "evita a distinção entre particular e universal" (2007, p. 29). Não se trata de um caso individual, entre muitos outros, em que o estranho seria incluído num sistema de regras que mais tarde se tornaria familiar. Ao contrário, trata-se de uma ruptura de sentido, uma ruptura no pensar tradicional que provoca novas formas de pensar e agir, nova ordem simbólica e novas obrigações, como pode ser observado em momentos como a Revolução Francesa, a violência de Auschwitz ou as experiências inovadoras artísticas ou científicas.

---

[23] Em entrevista dada a Gehring e Fische (2000), intitulada *Metaphysikkritik, Politikkritik, Ethik – Ausschnitte aus einen Gespräch MIT Bernard Waldenfels*, o filósofo reafirma sua posição em favor de uma dialética aberta para com o outro.

Os genuínos acontecimentos envolvem mudança de mentalidade e de compreensão de mundo, de modo que não são meras circunstâncias.

O estranho nos traz também a inevitabilidade e nos coloca na situação de não poder não responder ao outro, uma vez tocado por ele. Mesmo não respondendo, já estamos diante de um tipo de resposta, o que evidencia a inevitabilidade de seu próprio acontecimento. Por fim, o estranho situa-se no âmbito da assimetria, que "estala o equilíbrio do diálogo tradicional, que é orientado por objetivos comuns e segue regras comuns" (p. 31). A pretensão do outro não se encontra num campo de sentidos compartilhados, nunca se esgota em sua compreensão. A ideia de universalidade, segundo Waldenfels, equaliza o outro – portanto, não teria sentido estabelecer uma simetria entre o próprio e o estranho.

O acesso ao outro, para Waldenfels, está na resposta provocada pelo acontecer do outro, que rompe com as respostas que temos disponíveis, embebidas de costumes e regras morais. A aproximação do estranho se efetiva como algo para o qual respondemos e, inevitavelmente, temos que responder como convite ou como desafio. Ele projeta novas questões morais e novas exigências.

A outreidade do outro não é concebível conceitualmente, portanto, não se disponibiliza por uma racionalidade intencional. "O ponto cego inerente na experiência do outro", diz Waldenfels, "excede aos meros limites da capacidade atribuída ao sistema autorreferencial, que é incapaz de incluir seu próprio funcionamento" (p. 83). A experiência do estranho se dá no âmbito do acontecimento e nos encontra de forma penetrante no âmbito da arte, do eros ou da religião, e também em genuínas ocorrências históricas que nos convocam a uma resposta, a buscar um sentido que não é dado por nenhum regramento. Waldenfels nomeia isso de *responsividade* (1997, p. 52).

CAPÍTULO IV

O DEBATE SOBRE O OUTRO NA ÉTICA CONTEMPORÂNEA

> *É uma ilusão ver no outro um instrumento completamente dominável, manejável.*
>
> Hans-Georg Gadamer,
> *Verdade e método*

Após uma longa trajetória histórica, o tema da alteridade aparece no pensamento ético contemporâneo associado a movimentos que questionam a racionalidade e, sobretudo, denunciam o aprisionamento da diferença pelo pensamento da identidade, assim como a tendência à apropriação niveladora do outro pela metafísica da subjetividade. Assumem também importância as novas possibilidades abertas pela fenomenologia, pela hermenêutica e pela reconstrução racional, que dispõem de recursos metodológicos para pensar o outro de uma forma inovadora. Particularmente, para o pensamento pedagógico, as denúncias de um estreitamento da racionalidade vão ao encontro das dificuldades encontradas na condução do processo educativo quando as orientações normativas universais tendem a desconsiderar a diferença, com profundas consequências para a formação humana. Basta lembrarmos as persistentes dificuldades em lidarmos com aqueles comportamentos considerados desviantes, porque nossa formação ética ainda se encontra presa a rígidos fundamentos. A isto se alinha a emergência de questões como inclusão, educação multicultural ou intercultural, educação indígena e questões de gênero e etnia presentes nas orientações curriculares, cujos desdobramentos em termos de agir pedagógico demandam abordagens que rompam com a própria tradição do pensamento pedagógico. As éticas que exerceram influência no pensamento pedagógico tendem a excluir a ambiguidade, a diferença, aquilo que não se enquadra nas normas, não pondo em evidência a alteridade.

Este capítulo pretende expor as posições de Habermas e Derrida que abordam o tema do outro, de modo a esclarecer como reconhecem a alteridade – seja pelos efeitos da própria mudança de paradigma adotada, que favorece uma nova forma de relação com o outro, seja pela possibilidade de construção de normas com a participação do outro; ou, ainda, por pensar a ética fora da estrutura da totalidade, desfazendo o processo identitário entre o mesmo e o outro. A partir de tais considerações, procura-se compreender como o outro pode ser objeto de consideração e como isso repercute na compreensão da ação pedagógica. Trata-se de duas posições diferenciadas, mas que postas em confronto nos auxiliam a compreender a complexidade do problema.

Habermas: o outro na intersubjetividade[24]

O interesse de Habermas pela teoria social que possa dar conta dos processos de individualização e socialização e seus paradoxos, em que o desenvolvimento da pessoa livre e autônoma se perderia em padrões estereotipados de comportamento, numa rede

---

[24] Essas reflexões foram parcialmente apresentadas no VI Colóquio Habermas, Rio de Janeiro, em 2010, e publicadas em Bombassaro; Dalbosco; Kuiava (2011).

de ilusões, confere à sua própria teoria possibilidades de enfrentar as novas questões que surgem para a educação. Especialmente o modo como Habermas concebe a formação do indivíduo, por meio de processos interativos, permite uma compreensão da relação entre o eu e o outro no interior de estruturas de reconhecimento recíproco e de aprendizagem mútua, que ampliam a discussão ética com largas consequências para a educação, em sociedades pluralistas.

As questões éticas em educação não se ocupam de uma aplicação da moral, pois, como alerta Zirfas (1999, p. 32 ss), não podemos supor nem uma certeza social nem antropológica de uma determinada forma de moral, para a partir disso ordenar o mundo da vida e suas condições de aplicação. Antes disso, a ética pedagógica "é uma heurística moral do pensamento e da ação pedagógica" (p. 33), o que inclui múltiplas tarefas, desde a fundamentação das normas até o esclarecimento das motivações da ação moral e de seus paradoxos. Nessa perspectiva, o modo como Habermas trata a questão do outro torna o tema significativo para ampliar o debate sobre questões éticas, particularmente se é possível à educação fazer justiça à singularidade do outro. Esse tema interpela o processo formativo, trazendo o confronto com os limites de pressupostos teóricos que apresentam dificuldades históricas no reconhecimento daquilo que escapa aos padrões idealizados.

O interesse aqui é investigar a relação de proximidade entre o outro na teoria de Habermas e o conceito renovado de formação/educação. Já na *Teoria do agir comunicativo (Theorie des kommunikativen Handelns)* o filósofo estabelece os princípios teóricos que indicam a alteridade num processo relacional, configurando a ideia de outro para além de uma subjetividade que tende a submetê-lo. Posteriormente, essa questão é tematizada no âmbito da política. Destacam-se aqui os estudos apresentados na obra *Inclusão do outro* (1997) (*Die Einbeziehung des Anderen*), na qual Habermas reafirma uma moral baseada no "respeito por todos" e "na responsabilidade solidária de cada um para com o outro" como condição de realização das sociedades pluralistas e multiculturais. Para isso, destaca o papel das "valorizações fortes, que dependem de tradições intersubjetivamente compartilhadas, mas culturalmente específicas" (HABERMAS, 1997, p. 172). Se a ideia do outro se constitui na intersubjetividade, tal ideia depende do desenvolvimento de recursos motivacionais, cognitivos e de sensibilidade promovidos por um processo de formação dos sujeitos, a tal ponto que a teoria habermasiana e a formação constituem uma espécie de reflexo uma da outra, numa dupla determinação. Ou seja, a realização das valorizações fortes – que gerem responsabilidade para com o outro – só é possível se for levado adiante um processo educativo que prepare os sujeitos para o reconhecimento da alteridade, por meio de uma rede de relações intersubjetivas e de laços sociais.

Meu argumento é que, nesse aspecto, Habermas reafirma, por um lado, o modelo mais caro da tradição iluminista, da tradição neo-humanista que apostou num processo de formação da identidade cultural, no começo do século XIX, na Alemanha, e do pragmatismo,[25] pois a possibilidade de inclusão

---

[25] Essa observação não necessita de longas justificações, pois se sabe que Habermas é herdeiro da tradição iluminista, especialmente de Kant, e que recebeu influência, segundo suas próprias palavras, "de princípios filosóficos que destacam a constituição intersubjetiva do espírito humano, ou seja: à tradição hermenêutica que remonta a Wilhelm von Humboldt, ao pragmatismo americano de Charles Sanders Peirce e de George Herbert Mead, à teoria das formas simbólicas,

do outro depende do êxito do projeto educativo, como queriam Kant, Rousseau, Humboldt e Dewey. Mas, nessa aproximação, por outro lado, a teoria de Habermas fornece também elementos significativos para revisar/recriar o conceito de formação, na medida em que não só aponta as mazelas de um processo educativo preso às ilusões da teoria da subjetividade, como também oferece instrumentos para reinterpretar o conceito de educação com ênfase na intersubjetividade. Ou seja, o próprio conceito de formação e sua relação com a alteridade podem sofrer correções de seus pressupostos idealistas, se for submetido a um processo discursivo que leve a educação a revê-los e a melhorar o nível do debate público, pois o reconhecimento do outro, antes de ser um princípio dado, é uma questão que requer constantes esclarecimentos de suas próprias controvérsias. Por meio da linguagem poderíamos problematizar e transformar nossa herança sobre o que seja educação, à luz das experiências que fazemos. Para tanto, quero destacar dois elementos que evidenciam a dupla determinação entre formação e o reconhecimento do outro:

• A valorização do discurso e do diálogo, porque simultaneamente formam a identidade do sujeito em relações intersubjetivas e o preparam para a confrontação de posições, ampliando o universo interpretativo, por meio do recurso à linguagem;

• O aguçamento da sensibilidade moral com vistas ao reconhecimento do outro. Nesse aspecto reafirma-se a importância da expressividade estética, destacando sua força no preparo do sujeito com os imprevisíveis de si mesmo, do outro e do estranho.

---

de Ernst Cassirer e à filosofia da linguagem, de Ludwig Wittgenstein" (HABERMAS, 2005, p. 17-18).

Discurso e diálogo

No discurso pronunciado ao receber o Prêmio Kyoto (11 de novembro de 2004), Habermas confere à tríade "esfera pública, razão e discurso" (2005, p. 16) a preocupação central que dominou sua vida política e seu trabalho. Sua obra é um esforço contínuo para mostrar que aprendemos *uns dos outros* e que nossa própria identidade se dá pela intersubjetividade. "Tenho", diz ele, "a imagem de uma subjetividade a ser representada como se fora uma luva virada do avesso, a qual põe à mostra a estrutura de suas malhas tecidas com os fios da intersubjetividade" (p. 16). Ou seja, nos constituímos em processo de interação social, que se efetiva numa racionalidade discursiva. O outro, desde já, está pressuposto numa rede de interações. É pela importância que o filósofo concede à linguagem que o discurso assume um papel decisivo, como o espaço em que se trocam razões e argumentos, quando situações problemáticas sobre as orientações de nossa vida vêm à tona. Ao valorizar a linguagem e o discurso, Habermas se alinha a uma tradição de filosofia dialógica, com especificidades decorrentes do contexto pós-metafísico em que seu pensamento está inserido. É importante aqui fazer uma distinção conceitual entre o agir comunicativo, diálogo e discurso, com vistas a compreender a questão do outro nas especificidades desses momentos interativos.

O agir comunicativo é um conceito central da *Teoria do agir comunicativo* (publicada em alemão, em 1981) e refere-se às ações interativas realizadas entre dois ou mais sujeitos, por meio da linguagem, que efetuamos em nossas práticas cotidianas (1987, v. 1, p. 128). Esse agir pressupõe a linguagem como um meio para nos entendermos sobre os fatos do mundo objetivo, as normas sociais e nossa própria subjetividade. No mundo da vida, o agir comunicativo se dá de forma implícita, pela aceitação ou rejeição daqueles proferimentos que nos são colocados. Trata-se de um conjunto de convicções não problematizadas que compartilhamos e que orientam nossas ações. Contudo, no momento em que é rompido esse acordo tácito quanto à pretensão de validade dos proferimentos, entra-se em outra esfera da comunicação que Habermas denomina discurso (*Diskurs*). Quando nossos hábitos, crenças e convicções perdem sua evidência natural, elas se tornam objeto de discussão a respeito de sua validade num processo argumentativo, em que a força do melhor argumento produzirá novas convicções e consensos. Ou seja, aquelas evidências que sempre nutriram nossas decisões perdem seu reconhecimento e validade e o discurso é o âmbito em que se disputa o melhor argumento, produzindo o convencimento racional das situações – problemas, sem coações. Embora o agir comunicativo de nosso cotidiano e o discurso busquem o entendimento, eles têm especificidades próprias.

Na tentativa de esclarecer o uso dos termos diálogo e discurso, vou seguir a exposição apresentada por Helmut Heit, no artigo *Politischer Diskurs und dialogische Philosophie bei Jürgen Habermas*. Heit indica que a interpretação de discurso, em Habermas,

> [...] por um lado, relaciona-se com uma concepção teórico-democrático de esfera pública política e, por outro, com a tradicional interpretação de uma conversa (*Rede*) filosófica-argumentativa-racional. Nessa tensa relação entre esfera pública e razão, o discurso assume uma verdadeira função mediadora (HEIT, 2006, p. 225).

Diálogo e discurso referem-se a diferentes modos de ação comunicativa, que podem ser esclarecidos pelo recurso à etimologia das palavras. Diálogo provém do grego *dia-logos*, que significa *por meio da conversa*, ou seja, uma conversa recíproca entre duas ou mais pessoas. A unidade da conversa se efetiva pelo tema e pela situação produzida. Embora o que seja um diálogo típico pressupõe a presença dos envolvidos, pode-se também referir o termo em relação a textos e documentos históricos e, ainda, ao diálogo entre as culturas. De acordo com a especificação proposta por Heit, "os aspectos temático e situacional do diálogo estão em conexão com as reflexões, que são especialmente relevantes, e suas formas indicam diferenças substanciais do discurso" (p. 227).

Diferentemente do diálogo, o discurso provém do termo latino *discurs*, que significa *correr separados (Auseinanderlaufen), correr para cá e para lá, dispersar-se*. Constitui-se numa situação de conversa em que as contribuições de um e de outro estão relacionadas e orientadas ao entendimento. Enquanto o diálogo filosófico se realiza entre dois participantes, o discurso busca um entendimento pela discussão pública de participantes separados numa polifonia incômoda, própria das sociedades pluralistas. Desse modo, o número de participantes de um discurso não é limitado, enquanto que no diálogo ocorre uma limitação, pois 10.000 homens não podem se encontrar em diálogo (p. 227). Nesse sentido, o discurso está além do encontro pessoal, não é privado, mas se dá numa esfera pública. A preferência de Habermas pelo discurso deve-se ao seu ceticismo em relação a um diálogo platônico-metafísico e ao seu interesse na estrutura não existencial de uma esfera pública política, que ultrapassa o plano pessoal. O discurso é uma forma especial de comunicação, em que os participantes reagem diante de uma determinada perturbação. Esse processo "deixa entre os participantes desentendimentos, irritações, erros, desfigurações, interpretações equivocadas, forma dissensos latentes ou manifestos – talvez seja o não-entender a própria condição do entendimento" (BRUNKHORST; KREIDE; LAFONT; 2009, p. 304). Mas o discurso apresenta também a possibilidade de os participantes dizerem sim ou não às justificações apresentadas, motivadas pelo convencimento racional – uma liberdade comunicativa que tem acentuado caráter formativo.

O que desejo destacar é que nesses diferentes momentos do agir comunicativo – seja como diálogo ou discurso – a questão do outro assume relevância na constituição da estrutura da autoconsciência e na possibilidade de despertar nossa sensibilidade moral, elementos decisivos na formação humana. A autoconsciência não é fruto de uma subjetividade isolada, dependendo de uma alteridade que a constitua, presente tanto no diálogo como no discurso. Sobre isso, Habermas afirma:

> Jamais consegui aceitar a ideia de que a autoconsciência constitui, por si mesma, um fenômeno originário. Ou não será verdade que nós só nos tornamos conscientes de nós mesmos nos olhares que um outro lança sobre nós? Nos olhares de um "tu", de uma segunda pessoa que fala comigo na primeira pessoa, eu me torno consciente de mim mesmo, não somente como um sujeito capaz de vivenciar coisas em geral, mas também e, ao mesmo tempo, como um eu individual. Os olhares subjetivadores do outro possuem uma força individuadora (HABERMAS, 2005, p. 19).

Nessa medida, o processo educativo é interativo por excelência. Sobretudo no diálogo, na interação entre pessoas, aparece a força do olhar subjetivador, mas essa força também aparece nas novas convicções geradas num discurso público, que produz efeitos sobre a subjetividade. Assim, a consciência só tem a aparência de privada, pois mesmo quando faz os movimentos de sua intimidade, continua alimentando-se "dos fluxos da rede cultural de pensamentos *públicos*, expressos de modo simbólico e compartilhados intersubjetivamente" (p. 18).

Nessa interação, ao mesmo tempo em que o sujeito se constitui, se estabelecem as estruturas do reconhecimento recíproco. A possibilidade de os processos dialógicos e discursivos ampliarem nossa sensibilidade moral se efetiva porque o diálogo só se estabelece se partimos do reconhecimento de que o outro que está diante de nós é um parceiro com igualdade de condições. Os processos interativos nos colocam diante do estranho, num confronto com outras perspectivas, levando-nos a despertar a sensibilidade moral para aquilo que ultrapassa nossa cosmovisão, numa constante aprendizagem de ampliação da sensibilidade. O respeito ao outro o protege das vulnerabilidades de uma rede interativa, pois se interpõe contra a reciprocidade negada. A moral de respeito mútuo, diz Habermas,

> [...] se coloca como objetivo precípuo eliminar a discriminação e incluir os marginalizados na rede de consideração recíproca. Ora, normas da convivência capazes de fundar solidariedade, até mesmo entre estranhos, dependem de um assentimento geral. Temos que aceitar entrar em discursos, a fim de desenvolver tais normas. Porque os discursos

morais permitem a todos os atingidos tomar a palavra, de forma simétrica. Eles levam os participantes a adotar também a perspectiva do outro (p. 21).

Senti necessidade de distinguir discurso e diálogo porque trata-se de uma distinção útil para os processos formativos, sobretudo aqueles institucionalizados. Sabemos que crianças que ainda não amadureceram sua competência comunicativa não podem participar no sentido puro e restrito de um discurso, mas podem ser educadas numa perspectiva comunicativa e dialógica. Essa perspectiva parte, em primeiro lugar, do reconhecimento da criança como um participante que merece igual respeito e consideração e, em segundo lugar, desencadeia processos de aprendizagem do caráter argumentativo da razão, que prepara para o reconhecimento do outro e familiariza a ideia de que a própria verdade é uma relação intersubjetiva ligada à linguagem, uma procura em que as decisões dependem da argumentação. Nesse processo aparecem os dissensos, os mal-entendidos, os erros, que têm um cunho pedagógico de permitir a confrontação com os limites de nossa interpretação, com a possibilidade de o outro ter razão. Ou seja, aqui há uma restrição aos procedimentos autoritários na relação com o conhecimento, com a ciência e com a moral. Processos formativos, que preparam a capacidade argumentativa, dispõem de melhores condições para a formação de mentalidades abertas e não dogmáticas, com importantes desdobramentos para uma futura inserção na esfera pública. O confronto com o outro, com outras culturas, faz o homem refletir sobre sua própria situação, levando-o a ultrapassar os limites de uma compreensão paroquial.

A ação educativa só se viabiliza porque nos encontramos com outros em um mundo compartilhado, numa multiplicidade de experiências. A formação do indivíduo pela socialização, em Habermas, faz ecoar a tradição neo-humanista de Humboldt, para o qual a formação é um trabalho de si mesmo, numa abertura dialética entre a experiência no mundo e um projeto de mundo. Segundo as palavras de Habermas, trata-se da "constituição intersubjetiva do espírito humano" (p. 17-18). Do contrário, teríamos a riqueza do processo formativo reduzida a um mero preparo de competências técnicas, um treinamento, numa desatenção irresponsável às competências que transformam o homem "em uma pessoa" (p. 17).

A formação de sujeitos capazes de interagir não ocorre *a posteriori*, mas se dá pela vivência de processos comunicativos, pois "nós homens aprendemos *uns dos outros*" (p. 17). Habermas tem consciência da importância de um processo formativo para que princípios democráticos "deitem raízes nas cabeças e corações das pessoas" (p. 25), assim como para estabelecer um espaço aberto pela discursividade da opinião pública. Razão e discurso, formação e constituição de nova mentalidade se mesclam numa intensa reciprocidade. É especialmente nesse aspecto que Habermas revela a influência da tradição democrática em educação. Do pragmatismo de Dewey, herda a atitude antielitista e igualitária, associada à crença de que a educação é vital para a promoção da humanidade. Dewey busca a relação entre educação e democracia, onde liberdade, igualdade e educação não se desvinculam de formas de vida democrática. A educação como reconstrução da experiência[26] é a condição para a democracia, pois

---

[26] Segundo Dewey, a educação "é uma reconstrução ou reorganização da experiência, que esclarece e aumenta o sentido desta e também a nossa aptidão para dirigirmos o curso das experiências subsequentes" (DEWEY, 1936, p. 107).

antes que uma forma de governo, ela é uma "forma de vida associada, de experiência conjunta e mutuamente comunicada" (DEWEY, 1936, p. 118).

Aguçamento da sensibilidade

Aguçamento da sensibilidade não é uma categoria explícita da teoria de Habermas, mas se espraia por toda a obra, pelo sentido que o filósofo atribui ao momento estético-expressivo da racionalidade comunicativa. A estética tem seu uso associado à dimensão da sensibilidade e não estritamente à beleza, como foi a marca do desenvolvimento histórico dessa categoria conceitual. Relaciona-se com nossa capacidade de apreender a realidade pelos canais da sensibilidade. Para Habermas, a racionalidade estética explora as possibilidades de iluminar nossas práticas cotidianas e familiares, a ponto de que nenhuma argumentação discursiva pode desconsiderar sua força.

Por ser racional, a pessoa interpreta suas necessidades à luz de valores culturais, que podem ter a autenticidade evidenciada pela experiência estética produzida por uma obra literária, uma pintura, um poema, um filme. A dimensão estética auxilia na superação das ilusões e autoenganos que nos prendem a irracionalidades, de um modo que não nos é dado pela argumentação cognitiva. Um sujeito sensível em suas valorações e esteticamente capaz tem mais condições de reconhecimento do outro e de ingressar em processos discursivos do que aqueles que vivem culturalmente de forma restritiva. Na prática comunicativa cotidiana os elementos cognitivos, valorativos e estético-expressivos têm que se interpenetrar e a arte tem um papel nessa interpenetração, pela possibilidade de romper a rigidez da limitação das mentalidades e do empobrecimento cultural. Quando a experiência estética indaga sobre a elucidação da vida, ela "não renova apenas as interpretações das necessidades à luz das quais percebemos o mundo; interfere, ao mesmo tempo, também nas explicações cognitivas e expectativas normativas, modificando a maneira como todos esses momentos *remetem* uns aos outros" (HABERMAS, 1992, p. 119).

O poder de iluminação e o potencial de verdade da experiência estética nos retira do habitual e familiar, abrindo espaço para relações transformadoras de mundo. Nessa perspectiva, os movimentos artísticos e culturais ampliam os espaços de reconhecimento do outro[27], pela desestabilização que provocam, trazendo perspectivas até então desconhecidas, traços inovadores, decisivos para constituir o *ethos* de sociedades pluralistas.

A proposta da ética discursiva de Habermas, por se caracterizar como uma "conversação aberta" (WHITE, 1995, p. 84), requer que os participantes do discurso abram-se à reflexividade crítica, que, por não ser simples de se efetivar, necessita da dimensão estética. As possibilidades contidas na experiência estética acionam a imaginação de modo não acessível à dimensão cognitiva e lançam luz sobre as interpretações das necessidades de outras formas de vida. Nessa medida, aguça a sensibilidade para as situações específicas dos contextos, ampliando nossa habilidade e flexibilidade interpretativa. Como no âmbito do discurso é exigido que se questionem as certezas do mundo da vida, impõe-se que a questão da aplicação dos princípios à

---

[27] O movimento cultural de maio de 1968 e suas novas expressões simbólicas e estéticas foram decisivos, por exemplo, para o reconhecimento da mulher de um modo que alterou substancialmente suas relações com a sociedade, ampliando o reconhecimento social.

situação específica venha acompanhada de um "esforço hermenêutico" e de uma "interiorização da autoridade" (HABERMAS, 1989, p. 214). Entram em jogo aqui a emoção e os sentimentos acionados pela experiência estética, que permitem imaginar os prováveis danos e as consequências para o outro em decorrência da adoção de certas normas. A experiência estética, de certo modo, quebra nossas regularidades interpretativas feitas a partir de valores tradicionais, impedindo a própria estagnação do discurso. Cria a abertura para as relações concretas da vida humana, que renovam formas de vida, para as quais os princípios abstratos tendem a se afastar.

Cabe destacar, contudo, que Habermas tem reservas com experiências de vanguardas da arte que recuam cada vez mais para uma subjetivação, minando a possibilidade de construir uma base racional para compartilhar valores. Nesse sentido, alerta que

> [...] as tentativas de diminuir a distância entre arte e vida, ficção e prática, aparência e realidade; de eliminar a diferença entre artefato e objeto de uso, entre aquilo que foi produzido e aquilo que foi encontrado, entre criação e movimento espontâneo; as tentativas de declarar tudo como sendo arte e todos como sendo artistas; as tentativas de suprimir todos os critérios, a fim de igualar os juízos estéticos às manifestações da vida subjetiva [...] podem ser entendidos como experimentos *non-sense* (1992, p. 115).

Se tudo se confunde pela ausência de limites entre arte e vida, a experiência estética perde a força de ser um contraponto às convenções do cotidiano e às certezas confiáveis. Quando a arte de vanguarda se recolhe para a intimidade da subjetividade, ela esboroa seu potencial comunicativo e se desprende de qualquer fundo valorativo comum. Apesar dessa cautela, Habermas sabe, por outro lado, da importância da arte e da experiência estética para estimular comportamentos sensíveis às diferenças. Isso se articula com processos de individualização e socialização que trabalham em favor de uma mudança de mentalidade, para além das visões de mundo dominantes. Creio que um processo formativo necessita da racionalidade estética para criar novas sensibilidades. A inclusão do outro depende do reconhecimento e da solidariedade, e esta "não brota das fontes do direito" (2005, p. 9), ficando dependente de um processo formativo que crie o sentimento de pertença a uma comunidade e valores compartilhados de um mundo comum, para o qual o aguçamento da sensibilidade assume relevância.

A sensibilidade e a internalização da consciência moral permitem o reconhecimento da dependência que temos uns dos outros e de nossas fragilidades, passíveis de satisfação apenas pela integração social. A demanda por processos inclusivos para evitar as distorções e a denegação de reconhecimento "quando uma cultura majoritária, no exercício do poder político, impinge às minorias a sua forma de vida, negando assim aos cidadãos de origem cultural diversa uma efetiva igualdade de direitos" (1997, p. 170), depende sobretudo da educação.

***

Essa tentativa, ainda que fragmentária, de expor pontos de espelhamento entre o outro na teoria de Habermas e o conceito renovado de formação/educação serve para mostrar o caráter operativo do conceito de intersubjetividade, que pode dar clareza e reconhecimento à própria renovação do conceito de formação. Pois, como ensina Welsch, conceitos que se referem ao "autoentendimento (por exemplo, identidade, pessoa, ser humano, etc.)" não são "apenas conceitos descritivos, mas conceitos operacionais", porque "ajudam a forjar o objeto" (WELSCH, 2007, p. 253). Assim, a compreensão alargada de intersubjetividade modifica a forma como educamos, nos lançando na tarefa de fazer justiça à singularidade do outro. Nosso modo de educar e de considerar o outro é também uma consequência do conceito de educação e de intersubjetividade. Depende de como agimos, mas só agimos em função de nossa compreensão. A mútua dependência entre agir comunicativo, reconhecimento do outro e formação aponta uma situação de fragilidade, pois essa relação está sujeita aos ataques de poderes econômicos e burocráticos, que geram uma subjetividade alienada em relação ao outro. Mas a consciência dessa fragilidade do processo formativo, com vistas ao reconhecimento do outro, deve ser parte de nosso autoentendimento, pois todo projeto está sujeito à falibilidade. O que o iluminismo, o neo-humanismo e o pragmatismo apontaram foi apenas uma alternativa, cujos influxos nenhuma consciência ingênua do presente pode desprezar. E projetos educativos vivem da construção de alternativas, da correção do erro, da constante tensão entre adaptação e transformação.

Derrida: o outro na desconstrução

A contribuição de Jacques Derrida (1930-2004) para entender o problema da alteridade situa-se na perspectiva desconstrucionista, que não propõe uma ética mas oferece outra forma de pensar as questões que ficaram reprimidas ou desconsideradas pela metafísica. Nesse movimento de desconstruir a ética algo sobrevive, o que permite pensar fora da estrutura da totalidade, que historicamente determinou a relação entre o mesmo e o outro, entre a identidade e a alteridade. Ou seja, o pensamento de Derrida possibilita uma abordagem nova em que o outro não mais se prende ao plano metafísico em que se encontrava, ou seja, há um deslocamento do pensamento da identidade, permitindo ver a armadilha que reprime a diferença.

A desconstrução é um modo de desarticular os discursos construídos historicamente e que se organizam dentro de certos esquemas conceituais e lógicos. Opera com rupturas e deslocamentos de sentidos que já estão na linguagem, como se observa nas desestabilizações das construções filosóficas que se estruturam em duplos, em oposições aparentemente irredutíveis, tais como: corpo-alma, material-espiritual, universal-particular, masculino-feminino, natureza-cultura, ativo-passivo, entre outras. Por meio da desestabilização desses duplos é possível mostrar o quanto eles têm de ideológico e estratégico em suas construções e o violento processo que gera a exclusão de um dos termos do duplo em função de uma norma reguladora ou de uma presença que fixa sentido. O objeto da desconstrução refere-se ao procedimento que expõe como o conceito se mantém unido a certo esquema conceitual, como naquilo que se diz há algo que não se diz, mas que atua de forma determinante. Não se trata de um método ou escola de pensamento. Derrida mesmo esclarece o sentido de desconstrução:

> Quando escolhi aquela palavra [desconstrução], quando ela se impôs a mim, [...] acho que foi em *Of Grammatology*, eu desejava traduzir e adaptar para meus próprios fins a palavra heideggeriana

Deskonstruktion ou *Abbau*. Cada uma delas significava, nesse contexto, uma operação que atuava sobre a estrutura da arquitetura tradicional dos conceitos fundamentais de ontologia ou da metafísica ocidental. Mas em francês *destruction* implicava obviamente demais uma aniquilação, ou uma redução negativa muito mais próxima talvez da "demolição" nietzscheana do que da interpretação heideggeriana, ou do tipo da leitura que eu propunha (DERRIDA, *apud* BORRADORI, 2004, nota 1, p. 197).

Na perspectiva desconstrutivista não há um ponto fixo para o significado como queria o fonocentrismo ocidental (valorização da linguagem falada em que o autor do texto oferece um ponto fixo para o significado), que tem um desejo de centro gerador dos duplos anteriormente referidos. O fonocentrismo nos faz cair em certas armadilhas, pois não se dá conta de que não abrange tudo. Por ele estamos habituados a ouvir e não notamos a diferença, que se estabelece na pronúncia. Para tanto, Derrida cunha o termo *différance* (escrito com a), que não tem distinção na pronúncia francesa do termo *difference* (escrito com e), ambos traduzidos por *diferença*. *Différance* expressa como o significado é um produto de diferenças e como está diferido no tempo: "Diferir nesse sentido é temporizar, é recorrer, consciente ou inconscientemente, à mediação temporal e temporizadora de um desvio que suspende o cumprimento ou a satisfação de um 'desejo' ou de uma 'vontade'" (1989, p. 43). A *différance* opera por meio da escritura e se constitui em um signo de outro signo, um acontecer sem sujeito, sem a garantia da presença do falante. Todo signo tem uma inscrição indeterminada, cuja margem é sempre aberta a um vir a ser. Esse é o modo de mostrar uma diferença que rompe com as oposições da metafísica, assim como o masculino (metafísica da presença) se opôs ao feminino (aquilo que estava ausente). Não se consegue ouvir a diferença no logocentrismo, outro termo cunhado por Derrida justamente para criticar o privilégio concedido ao *logos*, às ideias, aos sistemas de pensamento, entendidos como verdades fixadas no tempo por qualquer autoridade exterior. As verdades que o logocentrismo ou a "metafísica da presença" veiculam são sempre tomadas como definitivas e irrefutáveis. Ao contrário, a *différance*, com seu processo dinâmico, está sempre a diferir, a adiar, a postergar um acordo. A escritura não é uma representação da fala e o significado não está garantido pelo emissor. A *différance* opera como uma espécie de memória da produção de sentido, que não aceita um significado ideal, e isso convoca a um contínuo processo de interpretação, gerando uma pluralidade interpretativa que torna indecidível a superioridade de uma interpretação sobre outras, a ser estabelecida pela pretendida ligação com a objetividade do mundo. A condição de diferimento, de *différance*, de escritura é uma "abertura na identidade (estrutural, conceitual, ontológica, epistemológica, ideológica) pela qual o próprio pensamento daquela identidade se torna possível somente através da incorporação, necessariamente, dos signos de sua não identidade" (WOLFREYS, 2009, p. 57).

Em entrevista concedida a Evando Nascimento, em abril de 2001, para o Caderno *Mais* da Folha de São Paulo, Derrida mostra a relevância de mantermos um constante esclarecimento sobre a produção de sentidos dos conceitos. O exemplo a respeito do conceito de homem é bastante esclarecedor, pois é redimensionado numa disposição desconstrutora, que o retira de um centramento fixo:

Pode-se colocar questões sobre a validade de todas essas definições do "próprio" e do homem e, portanto, sobre a validade do conceito de homem tal como geralmente é utilizado. Colocar-se questões sobre esse conceito de homem é nada ter de seguro a esse respeito. Mas isso não quer dizer ser contra o homem. Frequentemente acusa-se a desconstrução de, ao colocar questões sobre a história do conceito de homem, ser inumana, desumana, contra o humanismo. Nada tenho contra o humanismo, mas me reservo o direito de interrogar quanto à história, à genealogia e à figura do homem, quanto ao conceito de homem, o conceito do próprio do homem. Creio, e o disse muitas vezes, que nenhum dos conceitos pelos quais se define o próprio do homem resistiria a uma história efetiva: a linguagem, a técnica, o simbólico, tudo isso que literalmente "caça" o animal. Assim creio que o conceito de homem precisa ser inteiramente repensado. Mas não se trata, com isso, de se opor ao que existe com o nome de homem, muito menos de se opor ao conceito do direito do homem. Acredito no direito do homem, acredito na história do conceito jurídico. (DERRIDA, 2001).

Esse modo de interrogar os conceitos permite a Derrida trazer uma nova abordagem ao tema da alteridade. Em *Gramatologia* (1967), encontramos o conceito de *rastro* relativamente à "retenção da diferença", pela qual se estabelece a relação com o outro. O rastro é imotivado e permite que apareça totalmente o outro, sem nenhuma identidade. Isso "articula sua possibilidade sobre todo o campo do ente, que a metafísica determinou como ente-presente a partir do movimento escondido do rastro" (DERRIDA, 2004c, p. 57). Aqui se encontra a influência de Heidegger, que questiona o privilégio conferido à presença na determinação do ser pelo pensamento ocidental e introduz o conceito de "diferença ontológica". O ser não pode ser entificado numa essência, não pode ser o universal da tradição metafísica. Há pela tradição metafísica uma essência, um núcleo central para definir o homem, que lhe confere identidade e o entifica. Então, Heidegger cria a diferença entre *ser* e *ente*, que a metafísica não pensou e a chama de diferença ontológica. A tradição metafísica esqueceu a diferença, porque entrincheirou o ser na identidade unívoca. A *Destruktion* (destruição) heideggeriana desvela o *das Ungedachte im Denken* (o impensado no pensamento), ou seja, procura pensar aquilo que não foi pensado justamente pelo esquecimento do ser gerado pela metafísica. Derrida vale-se dessa contribuição e amplia o projeto desconstrutivista com a associação de sua filosofia à psicanálise, de modo "que venha à superfície o recalque, aquilo que fora violentamente excluído e que, todavia, nunca foi completamente apagado da 'memória', da 'psique'" (PECORARO, 2009, p. 331). Nessa perspectiva a questão do outro aparece como um constante esclarecimento, em que a *différance* surge como possibilidade da própria experiência, fora de qualquer regra que a determine. O tratamento desse tema não se situa, portanto, no âmbito tradicional da *ética, pois como alerta Derrida*, ele reluta em usar esse termo, pois:

> [...] o que me interessa não é propor uma ética ou o conteúdo de uma ética, mas pensar o que quer dizer a eticidade da ética. Como, onde aparece ou o que é a ética? Um dos paradoxos do que tento propor é que só há ética, só há responsabilidade moral, como se diz, ou decisão ética, ali onde não há mais regras ou normas éticas. Se há regras ou se há uma ética disponível, nesse caso basta saber

> quais são as normas e proceder à sua aplicação, e assim não há mais decisão ética. O paradoxo é que, para haver decisão ética, é preciso que não haja ética, que não haja regras nem normas prévias. É preciso reinventar cada situação singular ou regras que não existem previamente. Se tenho, portanto, tanta dificuldade em utilizar essa palavra é, em particular, porque paradoxalmente sinto que a exigência de uma responsabilidade ética implica a ausência de uma ética, de um sistema ético e de uma norma ética (DERRIDA, 2001).

Nessa medida, em decorrência de sua própria posição, o modo de fazer ética é rompido, o que não deixa de ter implicações éticas. Conforme observa Bennington, Derrida mantém a suspeita de Heidegger em relação ao "lugar da ética no delineamento tradicional da filosofia, quanto à poderosa reivindicação de Lévinas de que a ética seja considerada como filosofia primeira" (BENNINGTON, 2004, p. 19). A questão do outro que primeiramente havia surgido como rastro, reaparece agora no questionamento de certos dogmatismos humanistas, retomando temas como a amizade, a hospitalidade, o estrangeiro, o perdão. A partir dessas análises, o filósofo propõe uma espécie de eticidade originária enquanto uma relação radical com a singularidade do outro, que é o próprio acolhimento. Essa questão encontra-se no ensaio *A palavra acolhimento*,[28] em que o argumento principal se baseia em Lévinas,[29] na relação face a

---

[28] *Este ensaio foi publicado em Derrida (2004a). A palavra acolhimento (Le mot d'accueil)* é o texto de uma conferência pronunciada em 7 de dezembro de 1996, no Anfiteatro Richelieu da Sorbonne, por ocasião de uma "Homenagem a Emmanuel Lévinas".

[29] O pensamento de Lévinas não foi trabalhado pela necessidade de limitar o tema de investigação. Registra-se, contudo, a originalidade

face, em que desde já somos responsáveis pelo outro[30]. O primeiro movimento em direção ao outro é de acolhimento ou de hospitalidade, que também pode significar abertura. Na tradição levinasiana, a relação com o outro é assimétrica porque o outro é transcendente a mim. Trata-se de um pensamento novo, em que a ética nada tem de regras, mas traz a "anterioridade absoluta do rosto do outro" (DERRIDA, 2004a, p. 18). Derrida percebe nessa relação a interposição do terceiro, a terceiridade ou eleidade,[31] que para Lévinas é a justiça. Além da interpretação de Lévinas, Derrida vê nessa terceira parte um *outro outro*, a contaminação, ou seja, a terceira parte que "protegeria contra a violência ética propriamente dita" (p. 50). Ela impede que a relação ética face a face seja pura, o que implica um questionamento sobre a prioridade de essa relação ser algo ético, como o fez Lévinas. A forma desconstrutiva mostra que a ética está contaminada pelo não ético, pelos seus outros, o que leva a Derrida chamá-la de *pervertível*, que se refere à "*impossibilidade* de controlar, de decidir, de determinar um limite, a *impossibilidade* de situar o limite que separa a pervertibilidade da perversão

---

de sua contribuição para a alteridade. Há duas teses relevantes que investigam a contribuição de Lévinas para a educação: Miranda (2013) e Carbonara (2013).

[30] Aqui Derrida refere-se especificamente à obra de Lévinas, *Totalidade e infinito*, publicada originalmente em 1961. Nesta, Lévinas critica a visão totalizante dos sistemas filosóficos, posiciona-se contrário à ideia de síntese e faz a defesa radical da alteridade, em que ética começa no acolhimento, portanto, anterior à ontologia. Daí que a ética torna-se filosofia primeira. O infinito estaria na relação com o outro. A alteridade aparece no encontro com o rosto do outro.

[31] Termo de Lévinas que significa o "além-do-ser": "Ora, a eleidade do terceiro não é nada menos para Lévinas que o começo da justiça, ao mesmo tempo como direito e para além do direito, no direito para além do direito" (DERRIDA, 2004a, p. 46).

para poder manter-se aí, através de critérios, normas, regras" (p. 51). Essa é a condição positiva da perversão, pois é preciso que se ultrapasse tudo aquilo que regulamenta e normatiza para abrir-se: "aquilo que corre sempre o risco de perverter-se (o Bem, a Justiça, o Amor, a Fé – e a perfectibilidade, etc.)". É o caso da promessa que está sujeita a não ser cumprida. Nesse contexto, é "preciso essa possível hospitalidade ao pior para que a boa hospitalidade tenha sua chance, a chance de deixar vir o outro" (p. 52). A hospitalidade incondicional não é um "convite", mas "abre-se ou está aberta previamente para alguém que não é esperado nem é convidado, para quem quer que chegue como um *visitante* absolutamente estrangeiro, como um *recém-chegado*, não-identificável e imprevisível, em suma totalmente outro" (2004b, p. 138). Derrida questiona se tal abertura não seria perigosa, pois exporia o anfitrião ao risco – situação que não pode ser desconsiderada –, mas questiona, ainda, se seria possível uma hospitalidade verdadeira, quando protegida por garantias, por "sistema totalmente imune ao outro". Trata-se nesse caso de uma "hospitalidade condicional", aquela que oferecemos sob a condição que o outro obedeça às nossas regras, linguagem e costumes. Derrida reconhece que a tensão entre hospitalidade condicional e incondicional é paradoxal, pois elas são

> [...] ao mesmo tempo, heterogêneas e indissociáveis. Heterogêneas porque podemos nos mover de uma para outra apenas por um salto absoluto, um salto além do conhecimento e do poder, além das normas e das regras. A hospitalidade é transcendente em relação ao político, ao jurídico e talvez até mesmo ao ético. Mas – e aqui está a

indissociabilidade – não posso abrir a porta, não posso me expor à chegada do outro e oferecer a ele ou a ela o que quer que seja sem tornar essa hospitalidade efetiva, sem, de certo modo concreto, dar-lhe *algo determinado*. Essa determinação terá assim de reinscrever o incondicional sob certas condições. De outro modo não dará em nada. O que permanece incondicional ou absoluto (*unbedingt*, se quiser) arrisca-se a ser nada, caso as condições (*Bedingungen*) não consigam fazer coisa alguma (*Ding*) (p. 139).

Uma hospitalidade incondicional pode trazer a perversão da ética. Por isso "temos que condicionar essa incondicionalidade, negociar a relação entre essa injunção incondicional e a necessária condição, organizar essa hospitalidade – o que significa leis, direitos, convenções, limites" (Derrida, *apud* Bennington, 2004, p. 246).

A ética em Derrida pressupõe que se saiba que ela é pervertível, mas isso não é dado previamente; depende da abertura e não de um conhecimento de regras prévias. Nossas decisões éticas dependem do outro que já se encontra em mim, ao acolhê-lo: "[...] o *sim* do outro já responderá ao acolhimento do outro (genitivo objetivo), ao *sim* do outro" (Derrida, 2004a, p. 41). Nessa medida, Derrida questiona se nossa decisão responsável seria puramente autônoma, decorrente de uma subjetividade autocentrada:

> Porque enfim, seria ainda uma decisão, a iniciativa que permaneceria pura e simplesmente "minha", em conformidade com a necessidade que no entanto parece requerer – na mais poderosa tradição da ética e da filosofia – que a decisão seja sempre "minha" decisão, a decisão de quem pode dizer

livremente "eu", *ipse, egomet ipse*. Seria uma decisão, aquilo que me compete assim? Tem-se o direito de dar este nome, "decisão", a um movimento puramente autônomo, fosse ele de acolhimento e de hospitalidade, que só procedesse de mim, de mim mesmo, e só fizesse desenvolver os possíveis de uma subjetividade minha? (p. 41).

A ética de Derrida radicaliza a alteridade trazida à tona por Lévinas, o que lhe permite fazer da alteridade *"sempre menos que absoluta,* [...] um pensamento do outro como *mais outro que absolutamente outro"* (BENNINGTON, 2004, p. 29). Assim, Derrida mantém-se fora da absolutização, de modo que a ética não é a filosofia primeira, como propunha Lévinas, tampouco tem salvação no apelo a Deus. Para Fernanda Bernardo a expressão de Derrida *"Tout autre est tout autre"* (traduzida por "Absolutamente outro é absolutamente (todo e qualquer) outro") constitui-se numa

> [...] "pedrada" que o próprio Derrida diz ter atirado à ética levinasiana a quem, a par da inestimável grandeza, elevação e dificuldade, lembra a impossibilidade da sua pureza, assim problematizando, em primeiro lugar, o modo como Lévinas deseja pensar a transcendência ou a exterioridade – a saber, de todo não contaminada pelo ser ou pela imanência. (BERNARDO, 2008).

Essa abordagem possibilita uma pluralidade de relações com o outro, assegurando tanto sua singularidade, que é dada pela *différance*, como a multiplicidade, que se encontra no rastro.

A radicalidade desse pensamento conduz igualmente a uma desconstrução das categorias clássicas do pensamento pedagógico, tais como razão, sujeito, identidade, autonomia, intencionalidade, forçando outra abordagem para a questão ética na educação. Especialmente a intencionalidade, que sempre foi uma categoria estruturante nas pedagogias que se embasam em fundamentos metafísicos, recebe a mesma crítica da desconstrução. Conforme apontado anteriormente, também do ponto de vista da fenomenologia, a experiência do outro não começa com a intenção, mas com algo que acontece, que provoca uma resposta. Ou seja, trata-se de uma crítica que expõe a impossibilidade de conduzir a educação por um objetivo externo, pela intenção do educador, pois isso gera deturpações. A intencionalidade falha, porque o outro não se encontra disponível e constitui-se num equívoco querer constituir a identidade do outro, dominá-lo e conduzi-lo para um determinado caminho. Trata-se de uma defesa radical da ética da diferença contra uma educação orientada por normas, uma vez que, no plano da metafísica da presença, não há uma lei justa quer seja no âmbito social, pedagógico ou moral, pois o que está em jogo é o outro em sua diferença. Nessa perspectiva, entende-se educação como um modo de relação com a singularidade do outro em sua injustificação e indisponibilidade (ZIRFAS, 2001, p. 59). Disso resulta uma aporia, o que implica, nas palavras de Zirfas, caracterizar a educação "como um suportar da aporia". Ela se evidencia "quando se considera que uma decisão justa e responsável implica a necessidade de uma regra pedagógica, que deve ser definida por força externa à singularidade do outro" (p. 59). O educador é convocado a sair da indecidibilidade, mesmo sabendo que a decisão representa a impossibilidade de uma decisão justa. Nessa perspectiva, só quando estamos obrigados a tornar-nos justos nas condições de impossibilidade de atender à singularidade do outro, é que se estabelece a "atitude pedagógica de abertura perante o outro, que se deve à sua irredutibilidade" (p. 60). Por isso, na perspectiva desconstrutivista, a experiência do outro é uma aporia.

A desconstrução na pedagogia também assume a forma de recuperação de certo humanismo do outro, promovido pelas práticas de leituras de textos filosóficos ou literários que indicam a outreidade, seja pela questão de gênero, seja por outras formas de não reconhecimento do sujeito. Isso permite compreender as deturpações de muitas representações que levam o outro a não ser ouvido ou reconhecido (TARC,[32] 2005). A abertura ao outro exige uma desconstrução dos modos de representação do outro, que negam sua singularidade, e uma constante vigilância contra os possíveis riscos de reproduzir o mesmo processo de apropriação, que traz consigo violências epistêmicas. Não se trata de uma teoria ética unificadora, mas simplesmente de um chamado ao outro, que atenda sua singularidade, que não pode ser calculado e decidido previamente.

---

[32] O artigo de Tarc, *Education as Humanism of the Other*, apoia-se em Derrida e na escritora indiana Gayatri Chakravorty Spivak, na perspectiva de indicar como educadores podem intervir em textos canônicos a respeito do sujeito para constituir um humanismo do outro, que exponha os esquemas de pensamento ocidental que estruturam a identidade. Ver também a recente tradução brasileira do livro de Spivak: SPIVAK, Gayatri Chakravorty. *Pode o subalterno falar?* Trad. Sandra Regina Goulart Almeida; Marcos Pereira Feitosa; André Pereira. Belo Horizonte: Editora da UFMG, 2010.

| CAPÍTULO V

A ABERTURA AO OUTRO

> *A arte não reproduz o visível,*
> *mas torna visível.*
>
> Paul Klee, *Schöpferische Konfession*

> *Viver com o Outro, viver como*
> *o Outro do Outro, eis a tarefa*
> *humana fundamental.*
>
> Hans-Georg Gadamer,
> *Herança e futuro da Europa*

Das discussões até agora apresentadas, percebe-se que a alteridade situa-se num plano de ambiguidade entre o caráter inapreensível do outro e a necessidade de uma abertura à alteridade. A hipótese que orienta esta investigação reconhece que a ruptura da metafísica da identidade e do idealismo criou condições para dar visibilidade ao outro de tal modo que a intersubjetividade assume papel de destaque na discussão das questões éticas. Aliada a isso, a reivindicação histórica da educação, que se constitui porque há um outro, impulsiona os esforços teóricos para estabelecer categorias operativas desestabilizadoras da tendência em reconhecer apenas o idêntico, desbloqueando a opacidade da alteridade. Assim, este capítulo apresenta duas categorias potencialmente capazes de enfrentar a dimensão tensional presente em toda a relação com a alteridade: a experiência estética e o diálogo. Tais categorias provêm da hermenêutica e alojam expectativas de uma abertura ética que mantenha a relação com a alteridade e supere o universalismo que assimila e nivela para criar uma nova sensibilidade.

A experiência estética e o desvelamento do outro

Pretendo demonstrar que o acesso ao outro é possibilitado por um movimento de abertura, a partir de uma razão alargada, que permita o trânsito entre as esferas que tradicionalmente se mantiveram separadas, como ética e estética. Do ponto de vista da ética em educação interessa perscrutar o caminho da acessibilidade ao outro, de modo a conhecer possibilidades de reconhecimento da alteridade. Defenderei aqui que esse movimento depende de uma sensibilidade que envolve as emoções, as forças vitais e a liberação da imaginação de um modo não obtido por estruturas meramente cognitivas, mas que é dado pelo estético, particularmente pela experiência estética. Recorremos à tradição filosófica para termos um ponto de apoio ao nosso questionamento: em que sentido a experiência estética pode nos tornar sensível ao outro? Retomam-se, assim, as relações entre ética e estética, quando se estabelece uma reabilitação da estética no próprio conceito de razão. Isso se deve à força com que a estética penetra no século XX, tanto no cotidiano como também no âmbito teórico. Os modos de relação entre ética e estética oscilam no desenvolvimento histórico e tornam-se ambíguas, negativas, opostas ou complementares, até chegar aos processos de estetização da ética, subvertendo a relação metafísica, pela qual a estética não poderia justificar o bem viver. Reafirmo que as possibilidades da experiência estética, especialmente a capacidade de ruptura com a ordem habitual, o convite à interpretação e o desvelamento de aspectos até então desconsiderados pela tradição racionalista, são decisivas para nos colocar em condição de perceber o outro e de refinar nosso juízo moral. Nessa perspectiva, alinho-me à posição de entrelaçamento entre ética e estética (Nussbaum, Welsch, Adorno, Rorty, Foucault), um modo de entender a ética – e, particularmente, a questão do outro – capaz de responder às exigências que ficaram reprimidas pelas interpretações racionalistas, que produziram não só a repressão da diferença, como também um estatuto de menoridade ao sentir.

A questão, portanto, é mostrar as possibilidades da experiência estética para nos tornar sensíveis e receptivos às diferenças e àquilo que consideramos estranho ou sequer reconhecemos, como um modo de abertura à alteridade e, sobretudo, como uma possibilidade educativa na construção de uma nova sensibilidade. Uma sensibilidade aguçada apresenta condições de articular as orientações normativas e, inclusive, de reinventá-las, levando em consideração as particularidades dos indivíduos concretos. A decisão ética não pode estar submetida a um pensamento instrumental que coloque o outro sob a tutela do pensamento identificador. A experiência estética tem aqui a tarefa hermenêutica de vencer "a distância entre os espíritos" e abrir "a estranheza do espírito estrangeiro" (GADAMER, 1999a, v. 8, p. 5), com vistas a compreender o sentido ético do outro para a educação. Isso modifica o modo como encaminhamos o trabalho pedagógico, que se ilumina pelas muitas possibilidades abertas pela estética. Para tanto, farei um breve esclarecimento sobre o significado da estética e da experiência estética, expondo os elementos que os caracterizam para, na sequência, mostrar alguns exemplos nos quais a experiência estética possibilita desbloquear rígidas estruturas de apropriação ao descentrar a subjetividade.

Estética e experiência estética

A estética é uma área da filosofia definida no século XVIII por Alexander Gottlieb Baumgarten, em sua obra *Ästhetik* (1750), como ciência do conhecimento sensível. O termo "estética" é originalmente derivado do grego *aisthesis* e significa *percepção sensível*. Baumgarten retomou o termo e o definiu como conhecimento sensível através dos sentidos, da percepção sensível numa reação ao excesso de racionalismo do Iluminismo, que associa verdade apenas ao domínio conceitual[33]. Além disso, ela também se tornou uma teoria da arte e da beleza, por isso, numa semântica tradicional, a estética se relaciona com o artístico, mas seu significado não é unívoco. Embora, inicialmente, a estética tenha se associado ao melhoramento do conhecimento, seu significado se amplia nas últimas décadas numa "mudança radical, com o corpo e os sentidos tornando-se tão importantes quanto o intelecto e a razão" (WELSCH, 2001, p. 145).[34] Por isso a compreensão contemporânea do que é estética não se restringe apenas a uma teorização da arte. Parte de seu tema é a experiência estética que acontece pela obra de arte, mas não exclusivamente, pois ela pode ocorrer também em situações cotidianas, assistindo a um jogo, vendo uma tapeçaria, diante de cenas da natureza, ouvindo

---

[33] Kirchof destaca que o caráter inovador da proposição de Baumgarten "consiste no fato de redefinir a percepção, anteriormente vista como um mero estágio inferior (obscuro) em relação à lógica, conferindo-lhes habilidades criativas, ligadas à produção das obras de arte (p. ex., *facultas fingendi*) e da própria linguagem como um todo (p. ex., *facultas charateristica*)" (KIRCHOF, 2003, p. 30).

[34] Em *Vernunft: die zeitgenössische Vernunftkritik und Konzept der transversalen Vernunft*, (WELSCH, 1996), Welsch demonstra aquilo que denominou estetização epistemológica no século XX. Ver especialmente p. 497 ss.

música, lendo uma poesia, etc. A estética se relaciona com nossa capacidade de apreender a realidade pelos canais da sensibilidade e põe em movimento uma disposição lúdica para a atividade criadora (cf. MAILLARD, 1998, p. 12). Seu campo é o plano do sentir, da *aisthesis*, que exerce grande poder na vida contemporânea. A tentativa é, então, compreender como, atualmente, ocorre o fenômeno estético.

Welsch (1995, 1996, 1997) percebeu a amplitude do fenômeno e sua intensa penetração em todas as esferas da vida, desde o *facelifting* do espaço urbano, com o embelezamento e a animação, o esboroamento das fronteiras entre o real e o virtual, até a autoestilização estética, com os projetos individuais da estética da existência. Diante disso, desenvolveu a tese da estetização epistemológica no mundo contemporâneo. De acordo com essa tese, a estetização teve início com Kant, quando este definiu, na *Crítica da razão pura* (1989), especificamente na *Estética transcendental*, as condições de possibilidade da experiência. Nosso conhecimento depende da maneira como "somos afetados pelos objetos", isto é, depende da sensibilidade. Nós só conhecemos o que nos é dado pelas formas da intuição de espaço e tempo (KANT, 1989, B31, p. 61). Ou seja, toda nossa experiência depende de estruturas estéticas. Como observa Welsch:

> O decisivo aqui não está no fato de que nossa referência à realidade e nosso conhecer inclua partes fundamentais estéticas. Mas sim, que se altera todo o caráter do conhecimento e da realidade: eles assumem um caráter ficcional, produtivo, poético, num sentido fundamental (WELSCH, 1996, p. 494).

O destaque assumido pela estética é invocado na perspectiva de que não há mais como desconsiderá-la, tampouco abordá-la apenas na perspectiva das estéticas clássicas. Longe de assumir uma estetização superficial (de mero embelezamento), a tese de Welsch destaca que essa tendência à estetização promove uma participação dos sentidos e da imaginação em todas as dimensões da nossa relação com o mundo e, particularmente, na construção ética, com largas consequências para o objeto desta investigação, que discute a constituição de uma nova sensibilidade em relação ao outro.

A experiência estética, um conceito fundamental do campo estético, é aqui aduzida como uma categoria que operacionaliza nosso acesso ao outro, que expõe a alteridade. Está também associada à instigante tese cultural e antropológica de Friedrich Schiller de que a educação estética nos tiraria das fragmentações e empobrecimento espiritual, pois não só a razão pode nos educar, mas também a arte, que aprimora nossos sentimentos. Gadamer destaca que Schiller aplicou "todo o ímpeto de seu temperamento moral-pedagógico na ideia de uma educação estética" (GADAMER, 1999c, v. 1, p. 61). Justamente por isso, Schiller elevou a arte acima do juízo do gosto (nos moldes kantianos), dando vazão à originalidade da obra de arte, contra uma possível função niveladora do gosto. Gadamer reconhece, assim, um movimento de deslocamento do estético, centrado no belo natural que Kant "descrevera tão entusiasticamente", para "o encontro do homem consigo mesmo nas obras de arte" (p. 64). Mostra que esse encontro, primeiramente, se vincula ao conceito de "vivência", que tem referência à vida, contra todos os mecanismos da sociedade industrial, e significa algo "inesquecível e insubstituível, basicamente inesgotável para a determinação compreensiva de seu significado" (p. 73). A vivência é elaborada no contexto da própria vida e seu significado ultrapassa o que pensamos sobre ela. Nesse sentido, há uma afinidade entre a estrutura da vivência e o modo de ser do estético:

> A vivência estética não é apenas uma espécie de vivência ao lado das outras, mas representa a forma de ser da própria vivência. Assim como a obra de arte, é um mundo para si, também o vivenciado esteticamente como vivência distancia-se de todos os nexos com a realidade. Parece, inclusive, que a determinação da obra de arte é tornar-se uma vivência estética, ou seja, arrancar de um golpe aquele que a vive dos nexos de sua vida por força da obra de arte, sem deixar de referi-lo ao todo de sua existência. Na vivência da arte se faz presente uma riqueza de significados que não pertence somente a esse conteúdo específico ou a esse objetivo, mas que representa, antes, o todo do sentido da vida (p. 75-76).

Mas Gadamer aponta os limites do entendimento da arte e da experiência estética como vivência, pois desse modo se acentua um excesso de subjetivismo, consequência da exagerada valorização daquilo que se vive e do imediato. O sentido da arte não pode se restringir ao âmbito da consciência estética, separado da realidade. A arte e a experiência estética só podem ser entendidas se as situarmos no campo das experiências humanas mais fundamentais, como é o caso do jogo, "uma função elementar da vida do homem, de tal sorte que a cultura humana, sem um elemento de jogo, é impensável" (1999a, v. 8, p. 113). O jogo confere à arte um estatuto ontológico, é o próprio modo de ser da obra de arte. Ele tem uma natureza própria, "independente daquele que joga", e impõe regras a serem seguidas, portanto, não é uma mera decisão subjetiva. Ele implica participação de todos os envolvidos no movimento, por isso o agir depende mais das reações daqueles que participam do jogo do que qualquer ação racional que queiramos projetar. Gadamer dá o exemplo de quem assiste a um jogo pela televisão (como futebol), de certo modo participando. O sujeito do jogo, diz Gadamer, "não são os jogadores. Ele simplesmente ganha representação através dos que jogam o jogo. [...] É o jogo que é jogado ou que se desenrola como jogo; não há um sujeito fixo que esteja jogando ali. O jogo é a realização do movimento como tal" (1999c, v. 1, p. 108-109). Por isso, o jogo exige *jogar com*, ou seja, está ligado ao espectador. Usando o jogo como determinação ontológica da obra da arte, temos, pela existência do espectador, a representação do jogo transformada em *configuração; ou seja, aquilo que era não é mais, ocorre* uma mudança. O que se compreende é dado na dinâmica do próprio jogo. O mundo da obra de arte é um mundo transformado, traz à luz aquilo que em outras ocasiões se encobre. Isso porque "seu ser verdadeiro não é separável de sua representação" e desta representação "surge a unidade e a identidade de uma configuração" (p. 127). Desse modo, a experiência estética desvela sentidos, porque deixa um espaço de jogo para ser preenchido pela provocação que instaura. Ela traz o estranho, aquilo que foge ao habitual, tanto em relação a uma obra de arte como em relação a um acontecimento cultural. Essa experiência se constitui num desafio ao nosso entendimento, por isso pode ser um caminho de abertura à alteridade que não é dado pela reflexão ou pelo pensamento conceitual. Do estranho e inesperado que provoca surge a pergunta, cuja resposta contém a possibilidade de ouvir o outro.

A experiência estética desvela a verdade a partir daquilo que ela experimenta. Não só vemos, mas entendemos, por isso Gadamer insiste na dimensão interpretativa da obra de arte e da experiência estética. Ele defende uma relação de proximidade entre estética e hermenêutica, justamente porque se esta é uma teoria da compreensão, que se articula linguisticamente, também se refere à linguagem artística. Compreender o sentido daquilo que a obra diz é a possibilidade de descobrir outros modos de ser, ensaiar formas de criação de si que ultrapassem os modos de subjetivação disponíveis pela cultura ocidental e que ampliam o horizonte interpretativo. Como observa Flickinger:

> Querer compreender a experiência vivida exige de nós a disposição de aceitar o alheio, o outro, o desconhecido nele mesmo, isto é, na própria ameaça contida e aberta na distância intransponível, presente no encontro. Só assim, também, nos é possível reconhecer na autenticidade que lhe é própria o que nos vem ao encontro (FLICKINGER, 2010, p. 73).

O acento que Gadamer confere à estética não se situa no mesmo plano argumentativo de Welsch, mas na perspectiva de retomar a questão da verdade da arte. Quando se fala em arte se ultrapassa o domínio da realidade, porque a experiência que ali se vivencia revela o estranho, o outro. A adequada compreensão do estético, segundo Gadamer, depende da crítica fenomenológica à psicologia e à teoria do conhecimento, feita no século XIX, que "demonstrou que nos enganamos toda vez que buscamos pensar o ser estético a partir do ponto de vista da experiência da realidade". A experiência estética "vê a verdade genuína naquilo que ela experimenta" (GADAMER, 1999c, v. 1, p. 89). Ela é uma espécie de vivência, que se distancia de todos "os nexos da realidade" (p. 76). Para Gadamer, a experiência estética e, particularmente, a experiência da arte constituem uma experiência da finitude humana, uma forma de o homem "autocompreender-se". Por isso o filósofo defende um conceito de experiência em que o acontecer da verdade supera a subjetividade do espectador e a objetividade do objeto; reafirma o conteúdo de verdade da experiência da obra de arte contra uma consciência estética abstrata, que se reduz à bela aparência, pois "todo o encontro com a linguagem da arte é um encontro com um acontecimento inacabado, sendo ela mesma uma parte desse acontecimento" (p. 105). Aqui cabe destacar a aproximação entre a ideia do acontecimento da arte e o acontecer do outro referido no capítulo sobre a fenomenologia do outro. Ambos trazem a singularidade, a ruptura de padrões para buscar novas interpretações de sentido. O acontecer da obra de arte, testemunhado pela experiência estética, educa nossa sensibilidade para compreender essa ruptura de sentido, a nova ordem simbólica que vem ao nosso encontro quando o outro acontece. Ou seja, na experiência da arte há "uma genuína experiência, que não deixa inalterado aquele que a faz, e perguntamos pelo modo de ser daquilo que é assim experimentado. Assim, podemos ter esperança de compreender melhor qual é a verdade que nos vem ao encontro ali" (p. 106). Isso tem uma consequência de longo alcance para a formação ética, na medida em que permite uma abertura à alteridade, contra o reducionismo da realidade gerado por pressões decorrentes de normas excessivamente abstratas, que já não permitem apreender aquilo que foge do familiar. Além disso, a experiência com a arte "confronta-nos conosco mesmos", porque aquilo que se anuncia revela-se "como uma descoberta, isto é, como o descobrimento de algo encoberto" (1999a, v. 8, p. 6).

Há uma força descobridora da arte e da experiência estética para desocultar verdades, enfrentar aquilo que Nietzsche chamou "o abismo de nossa natureza trágica", pois vivemos na tensão entre racional e sensível, imaginação e entendimento. Heidegger e Gadamer ensinaram que a verdade na obra de arte encontra-se além de qualquer cognição, de qualquer conceito. Na medida em que abala nossas convicções comuns, esse tipo de experiência suspende as certezas e projeta uma nova estruturação de sentido. Estabelece-se, assim, a possibilidade de estranhamento radical de crenças e valores que abre a compreensão para a alteridade, um modo de ser sensível diante do outro. Tais experiências de liberação da subjetividade cumprem um papel formativo na relação com o outro porque oportunizam vivências imaginativas e sensíveis capazes de deixar que o outro aconteça.

O estranhamento promovido pela experiência estética tem condições privilegiadas de estimular o reconhecimento da alteridade, atuando na perspectiva de nos tornar sensíveis, tanto para reconhecer o externo a nós mesmos como para estar atento às diferenças e às desconsiderações de outros modos de ver o mundo. Ou seja, o estranhamento atua decisivamente contra os aspectos restritivos da normalização moral, forçando a rever nossas crenças e o respeito exacerbado pelas convenções.

Há um exemplo da força transformadora da arte para produzir outros modos de entendimento citado por George Steiner, numa entrevista intitulada *A arte da crítica*, realizada em Paris, em 3 de fevereiro de 2000, a Roland Sharp. Diz Steiner:

> Havia uma criança chamada Paul Klee, que com frequência saía de Berna, onde estudava, para ir a piqueniques com seus companheiros de colégio: a mais aborrecida das saídas que se pode imaginar

na Suíça. Um dia levaram a turma para ver um aqueduto romano. O professor explicou quanta água se canalizava, como foi construído. Klee tinha onze anos. Levava sempre junto seu caderno de desenho. Traçou um esboço do aqueduto e colocou sapatos nos pilares. A partir desse dia todos os aquedutos têm caminhado, tu não verás um aqueduto que não caminhe. Picasso sai à rua. Vê um triciclo de criança. Milhões de pessoas veem triciclos nas ruas. Picasso dá uma pincelada, do assento faz uma cabeça de touro e do guidom dois chifres (STEINER, 2007, p. 114).

Esse exemplo revela a força descobridora da arte, na medida em que cria uma surpresa, algo inquietante que nos arranca do habitual. Por isso Heidegger observa em *A origem da obra de arte* (1995a): "o que nos parece natural é só, provavelmente, o habitual de um longo costume, que se esqueceu do inabitual do qual se originou" (HEIDEGGER, 1995a, p. 18). A confiança em nossas interpretações habituais só é fundada aparentemente. E, ao mesmo tempo em que somos arrancados do universo costumeiro, a obra de arte faz acontecer a estruturação de nosso mundo, instituindo novos sentidos e abrindo nosso entendimento para a alteridade. Por isso, a obra de arte encontra-se, diz Gadamer,

> [...] em meio às ruínas do mundo do habitual e familiar como um penhor de ordem, e talvez todas as forças do guardar e do conservar, as forças que sustentam a cultura humana repousem sobre aquilo que vem ao nosso encontro de maneira exemplar no fazer dos artistas e na experiência da arte: o fato de ordenarmos uma vez mais aquilo que nos desmorona (GADAMER, 1999a, v. 8, p. 36).

Os estudos sobre a estética têm gerado um conjunto expressivo de contribuições, que, tomado em suas possibilidades, não podem silenciar uma questão de fundo: pode a educação enfrentar a questão ética apenas na perspectiva do racionalismo, ou seja, como algo que se conhece, uma consciência que depende apenas da dimensão cognitiva e racional? E como ficam para a formação aqueles elementos que entram em jogo na escolha moral e que não são aprendidos cognitivamente? A educação, e mais especificamente a prática pedagógica, operou na mesma direção da separação das esferas da modernidade – cognitiva, moral e estético-expressiva – a ponto de soar estranho uma educação ético-estética, já que a formação se restringe à dimensão cognitiva, num impressionante reducionismo da formação. E a ideia de cidadania, presente nas normas e diretrizes curriculares para dar sustentação à questão ética, adquire um caráter quase residual, ou mecânico, restrita a um abstracionismo em que tanto professores como alunos têm dificuldade de articular com o sentido da vida humana e perceber o outro. Perdida a sensibilidade, a imaginação e os recursos de uma rica criação de si, a formação ética se desfigura, tornando-se incapaz de ser sensível ao outro. De forma caricatural, se materializa nos currículos como um código.

Creio que devemos levar a sério a advertência de que a visibilidade de determinados problemas da condição humana só se torna possível pela abertura do jogo da aparência que a experiência estética proporciona, naquilo que é percebido no acontecimento do mundo, num momento único de seu acontecer. Nessa perspectiva, a experiência estética se dá no relacionamento entre o sujeito e o objeto estético, e isso implica compreender que o sujeito se transforma nessa experiência, é tocado por ela a ponto de modificar sua compreensão sobre aquilo que a experiência lhe indica. Essa é a interpretação de Bubner (1989), que retoma a estética kantiana[35] para afirmar que a experiência estética forma-se na própria experiência e através dela, conforme sua análise. De acordo com o filósofo,

> [...] o que a experiência estética experimenta constitui-se na experiência e através da experiência, de tal modo que esse conteúdo não pode ser objetivado independentemente dela [...]. A experiência estética não deve ser entendida como pura aceitação passiva de algo que lhe vem de fora, muito mais que isso, a experiência estética, enquanto nela o conteúdo estético se constitui, tem que ser descrita também como uma ação (*Leistung*) (BUBNER, 1989, p. 36).

Assim, ela se institui de momentos passivos e receptivos, de um entregar-se ao objeto associado ao trabalho produtivo e ativo do sujeito sobre o material dado na experiência. Em ambos os momentos, tanto receptivo como produtivo, a experiência estética revela

---

[35] De acordo com Bubner, a crise do conceito de obra na tradição da estética europeia reafirma atualidade da estética kantiana em favor da experiência, pois a realidade só é objeto na experiência. A obra de arte, concebida por Aristóteles como uma produção técnica, uma segunda realidade que imita a natureza, sofre uma reviravolta com a teologia cristã, que aprega a criação do homem à imagem e semelhança de Deus. Isso oferece outro pressuposto para o trabalho do artista, que não é mais uma imitação da natureza, mas uma criação. A interpretação do conceito de obra passa por sucessivas mudanças, especialmente influenciada pelos movimentos modernos como cubismo, futurismo e *ready-mades* que desestabilizam o conceito tradicional, a ponto de que a própria criação artística se vê ameaçada pela perda de sentido. Nessa circunstância, há um deslocamento do conceito de obra em direção da análise dos efeitos produzidos pela própria experiência estética (Cf. BUBNER, 1989, p. 30-34).

aquilo que não é dado pela experiência comum. Bubner resgata a análise de Kant da experiência estética a partir do juízo reflexionante, que não atua sob um conceito geral. Ao contrário, o juízo reflexionante garante que um caso particular não se subsuma a algo universal, uma mediação que ultrapassa o dado. Nesse sentido, Bubner, mesmo reconhecendo que Kant se move numa terminologia própria à teoria do conhecimento, louva sua capacidade de compreender a experiência estética na tensão entre ser "afetado sensivelmente" e uma "produção criativa", em que acrescenta algo ao pensamento sem nomear: "Essa experiência especial se torna autônoma, como uma espécie de jogo que não está restrito por nenhuma determinação conceitual" (p. 38).

É próprio da arte não se deixar aprender completamente, pois se mostra diferente, acentua novos aspectos e por isso sua inapreensibilidade é um convite à interpretação. Diz Bubner:

> Em nenhuma imagem se pode ver simples e plenamente aquilo que o espectador nela vê, nenhum poema pode ser lido de forma definitiva o que alguém nele lê e em nenhuma peça musical basta escutar com atenção para escutar aquilo que se dá na experiência estética. A formulação paradoxal deve ressaltar a impossibilidade de definir o objeto estético. A experiência estética vê algo que não pode sujeitar e que, *por isso*, nunca deixa de estar aí (p. 43).

Pela experiência estética, o sujeito é afetado, o que lhe faculta a criação de novos projetos alternativos de mundo, pois o assim denominado mundo real é, na verdade, uma possibilidade de concepção, que se organiza e se estabiliza em função da realização de nossas expectativas. Quem rompe com as expectativas habituais e projeta novas possibilidades de sentido é o momento surpreendente da experiência estética. Segundo Ricoeur:

> A experiência estética recebe esse poder de contraste que ela estabelece logo de saída com a experiência cotidiana: porque "refratária" a qualquer outra coisa que não ela mesma, ela se afirma capaz de transfigurar o cotidiano e de nele transgredir as normas admitidas (RICOEUR, 1997, p. 229).

Hugues (2001), também baseada na tradição kantiana, defende a tese de que a experiência estética tem uma trajetória mimética, que se refere ao modo como somos afetados pelo mundo externo, e uma trajetória expressiva, referente a como isso afeta nosso mundo interno pelo processo reflexivo. Na experiência estética, o sensível está sempre articulado com o movimento reflexivo, por isso "olhar leva a pensar e pensar ajuda-me a ver mais" (HUGUES, 2001, p. 66). Há assim uma receptividade produtiva. Quando somos afetados pela obra, a dinâmica daquilo que nos afeta, juntamente com a reflexão, leva-nos a criar novas compreensões, a criar mundos novos. Por isso Paul Klee afirmou, conforme está colocado na epígrafe que abre este capítulo: "A arte não reproduz o visível, mas torna visível" (KLEE, 1920, p. 28).

Tentemos exemplificar como a experiência estética, especialmente aquela vivenciada na obra de arte, pode mostrar outro modo de ver o mundo, provocando uma quebra na ordem habitual e abrindo espaço para a alteridade. Nesse sentido, as artes plásticas, o teatro, a poesia e também a literatura contribuem, por meio dos efeitos que provocam, para a produção de novas compreensões e conceitos operacionais, que alteram nossos entendimentos. É o caso da construção de um conceito como o de historicidade, uma distância intelectual entre presente e passado decisiva para nossa própria autocompreensão e para a compreensão do outro. Enquanto não havia esse entendimento, na Idade Média temas que remontavam à animalidade, à pulsão e às paixões só eram aceitos se transmutados por um significado sobrenatural, elemento decisivo no horizonte interpretativo da época.

Um sátiro lamenta a morte de uma ninfa (*A morte de Procris*)
(c. 1495), Piero di Cosimo (1461-1521)

Piero di Cosimo, em sua obra *A morte de Procris*, traz um elemento novo que rompe com a orientação divina da vida humana como ocorria na Idade Média, em favor de um desenvolvimento e progresso espontâneo da humanidade. Com isso, prepara o distanciamento da interpretação dominante para deixar espaço para uma compreensão do humano que reconhece elementos de animalidade. Segundo Panofsky, seus quadros mostram uma vida primitiva que não recai num "sentimentalismo utópico", como seriam as evocações da Arcádia, mas

> [...] realiza os primeiros passos do mundo, ao ponto de as suas criaturas mais fantásticas, como os animais com rosto humano, serem apenas uma aplicação de sérias teorias evolucionistas. [...] Dos seus quadros emana uma atmosfera penetrante de estranheza,

porque conseguem fazer reviver uma época anterior ao cristianismo, anterior mesmo ao paganismo no sentido histórico da palavra – na realidade anterior à própria civilização (PANOFSKY, 1995, p. 59).

O rapto de Europa (c.1494/1495),
Albrecht Dürer (1471-1528)

Esse tema humanista também aparece na figura de Dürer, *O rapto de Europa*, em que o artista traz um traço inovador, mostrando uma alteridade desconhecida. Retoma o tema mitológico, liberto de cânones medievais e acentua a "vitalidade emocional" presente na cena: na sua figura, o rosto de Europa revela tensão, o vestido leve expõe seu corpo, o touro faz um movimento furtivo com a cabeça, os sátiros saúdam o raptor (p. 36), expressando força vital. Todos esses elementos contrastam com o desenho anônimo medieval, em que predomina o caráter estático do cenário, no qual as amigas da princesa raptada assistem à cena com espanto e Europa está alinhada, não revela emoção. A comparação entre os dois quadros indica que Dürer reintegra temas clássicos com as ideias prevalentes do Renascimento, configurando a nova mentalidade da redescoberta do homem, manifesta na força criadora e descobridora da arte. Rompendo com a visão habitual da Idade Média, o artista assume a distância temporal que lhe permite trazer à cena elementos como sensualidade e vitalidade, pertinentes ao humanismo que se instaurava. Trata-se de uma nova sensibilidade, de outra compreensão, que revela traços até então encobertos. Nesse sentido, cabe destacar a análise de Leinkauf sobre a arte no Renascimento. Enquanto expressão da potência criativa do espírito, a arte renascentista torna-se um "proprium humanitatis": "isso se mostra em sua força imaginativa, que representa e se fazem presentes em um modo ideal as coisas já existentes, em sua força criativa, que cria coisas de novo e consegue construir novos mundos e também em sua força mágica, que transmuta, transforma e muda as coisas como 'virtus immutandi'" (LEINKAUF, 2011, p. 494).

O rapto de Europa, anônimo medieval

O poder de iluminação e o potencial de verdade da experiência estética nos retira do habitual e familiar, promovendo relações transformadas de mundo. Nessa perspectiva, os movimentos artísticos e culturais ampliam o reconhecimento do outro pela desestabilização que provocam, trazendo perspectivas até então desconhecidas, traços inovadores, decisivos para constituir o *ethos* de sociedades pluralistas. A potência estética em evidenciar a alteridade, uma espécie de luta contra as formas niveladoras da percepção, alarga a compreensão moral e espiritual.

Podemos referir aqui também à influência decisiva de certos momentos da arte brasileira na compreensão de nossa cultura enquanto uma força que descentra a subjetividade e desestabiliza padrões cognitivos, éticos e estéticos, como é o caso da obra do pintor Candido Portinari (1903-1962). Trata-se de um trabalho artístico que teve força para mostrar o quanto estávamos presos a interpretações historicamente predominantes de nossa cultura. Segundo Jacob Klintowitz, o artista fez um retrato do Brasil: "A significação da obra de Candido Portinari, neste processo de permanente autoanálise, afirmação e negação da identidade nacional, reside no fato de ele ser o artista que inventou visualmente a odisseia brasileira".

Sua pintura evoca a ruptura com a visão do paraíso e o modelo do colonizador é transmutado pela energia dos novos povos, trazendo um distanciamento de padrões estéticos dominantes. As obras a seguir apresentadas, possuem intensa expressividade artística no sentido de alargar a sensibilidade para a nossa realidade multicultural: *Mestiço* e *Os meninos de Brodowski*.

Mestiço (1934), Candido Portinari

Mestiço, com sua expressão forte, dá visibilidade ao trabalhador da lavoura, mostrando que nosso olhar sobre esse cotidiano pode ser outro, criando não só novos padrões estéticos, mas uma compreensão antropológica do homem brasileiro e de nossa realidade social, para além de qualquer reducionismo.

Menino de Brodowsky, 1946

Menina chorando, 1946

Menino de Brodowsky, 1946

Meninos de Brodowski, de Cândido Portinari, são desenhos de uma série, constituída de 22 obras, que retratam meninos da cidade natal do artista, Brodowski, no interior do estado de São Paulo. Nelas, o pintor torna visível uma realidade da infância brasileira desconhecida em sua singularidade, preparando nossa compreensão para algo que nos é alheio. A introdução de um novo padrão estético traz um impulso ético, pois nos desafia ao reconhecimento do outro. Não se trata de uma pintura sentimental, de acordo com Klintowitz. Ao contrário, ela traz: [...] "a inquietação do contemplador diante da intensidade da vida, a pergunta sobre a natureza da infância e da própria existência. 'Meninos de Brodowski', com a sua recusa à demagogia e a opção pela identidade do ser, constrói um dos mais altos momentos da arte brasileira". A obra apresenta uma forma de vida inteiramente diferente da visão idealizada da infância, porque não remete a nenhuma referência de verdade. Pela sua força expressiva, estimula um entendimento que, ao desfazer interpretações habituais, deixa surgir uma outra visão.

Pelo confronto que provoca, a obra de arte permite um modo de nos compreendermos, desvela algo que estava encoberto, em que tudo o que conhecíamos fica ultrapassado, pela modificação que provoca: "Compreender o que a obra de arte diz a alguém, é certamente um encontro consigo mesmo" (GADAMER, 1999a, v. 8, p. 6). Ela também nos permite um estranhamento a respeito de algo que nos afeta intimamente, o que também é decisivo para a formação.

A experiência estética é uma experiência da verdade no sentido de que aquilo que não está explicitado também constitui nossa subjetividade e nossa relação com o mundo. Ou seja, ela descobre uma dimensão da realidade que se subtrai à fixação estabelecida pelos processos de conhecimento. A consideração da aparência torna a realidade mais rica e indica os limites de qualquer concepção de mundo. É nessa aparência que se dá aquilo que é indeterminável prática e conceitualmente. O caráter momentâneo da aparência joga todos os nossos sentidos para o presente.

Seel destaca que o acontecer estético traz uma tensão insuperável diante de outras formas de autoconsciência, pois neste acontecer a consciência é contrastada com múltiplas possibilidades e, por um momento, ficamos fora da continuidade de nossas vidas. As possibilidades incapturáveis que se presentificam no momento da aparência é um trabalho particular da contemplação estética. Por isso, Seel afirma: "Sem consciência estética não há consciência possível do próprio presente" (SEEL, 2000, p. 39).

Assim, o homem não é senhor do mundo, autoconsciente e autodeterminado. Ele se determina diante dos estímulos das inovações estéticas, que expressam impulsos que até então não tinham possibilidades de serem articulados. Nesse movimento, aparece algo que não havíamos percebido, que é a alteridade. A experiência estética aponta também que uma orientação ética meramente abstrata e reflexiva, sem a experiência sensorial, perde algo, justamente aquilo que só podemos experimentar na indeterminabilidade da aparência. Nesse espaço de indeterminação o outro acontece e surpreende. Ou seja, a experiência estética abre espaço para relativizar o domínio do racional e provoca uma ruptura no pensar tradicional que aciona novas formas de pensar e agir, evidenciando a contribuição da fantasia, do erotismo, das emoções.

Os gregos já haviam apostado numa formação ético-estética, destacando a importância da sensibilidade. Quanto mais a harmonia se tornava um valor para a arte grega, tanto mais se procurava a virtude ética, ou seja, encontrar a sabedoria prática, o agir prudente e a decisão adequada para cada circunstância dependia de um espírito educado na harmonia, de um refinamento da sensibilidade (cf. SNELL, 2003, p. 222). Quando um projeto educativo deixa de lado os recursos da fantasia, ele se reduz a uma instrumentalização, a uma racionalização, que simplifica as questões. É o caso dos estereótipos da moral, que nos impedem de ver além daquilo que é fixado em determinadas interpretações, que desfiguram o outro, vulgarizando a própria compreensão da moral. A experiência estética é uma categoria que pode desfazer os enclausuramentos interpretativos, na medida em que o sentir permite que o outro se torne realidade. Portanto, ela assume aqui um papel decisivo na formação ética que pretenda estar atenta à alteridade, porque transforma nosso modo de ser.

O diálogo e a relevância das condições intersubjetivas

O diálogo é um outro modo de abertura à alteridade. Se a tradição filosófica reafirmou o papel da identidade e a modernidade elevou a subjetividade ao centro da filosofia, as críticas à autoconsciência se avolumaram, sobretudo a partir do século XIX, com Schopenhauer, Nietzsche, Freud, Husserl, Heidegger, Adorno, entre outros, criando as condições favoráveis para a contestação do ideal de autotransparência da subjetividade e seus consequentes condicionamentos que obstaculizam a visibilidade do outro. Com o surgimento de um novo horizonte para situar a questão da subjetividade e a relação com o outro, abre-se a perspectiva de "lançar pontes e transpor distâncias",[36] que instaura um movimento em direção à alteridade sem restringir-se à inacessibilidade, tampouco à apropriação.

Nesse sentido, destaca-se a posição defendida por Hans-Georg Gadamer a respeito do diálogo, em que o outro tem espaço porque a hermenêutica supõe uma intersubjetividade possível. Seu pensamento, então, se afastaria de uma posição apropriadora do outro, típica da herança metafísica? Essa é a questão delicada que interessa àqueles que educam, sobretudo porque ela põe em jogo tanto o reconhecimento do outro, como a permanente reivindicação da educação constituir-se pela interatividade. Se há outro, como acessá-lo? A interação é possível? No que segue, exporei a proposta

---

[36] Refiro-me à expressão empregada por Habermas, ao proferir a *Laudatio*, intitulada *Hans-Georg Gadamer*: urbanização da província heideggeriana, indicando o estilo de pensamento do filósofo, que insiste em ver as coisas em conjunto, superar as distâncias. O texto foi publicado em Habermas, *Dialética e hermenêutica* (1987).

de Gadamer[37] quanto à possibilidade de aproximação ao outro pela dinâmica existencial, pois o ser humano é constitutivamente compreensivo e pela conversação somos sempre suscetíveis a novas interpretações. Desde a tradição socrático-platônica sabemos que há diálogo porque o homem existe, e a hermenêutica filosófica concebe a alteridade a partir da recuperação dessa tradição, sem estreitá-la nos moldes da subjetividade moderna. Gadamer já havia sido suficientemente alertado dos embustes e enganos da consciência por Nietzsche e reteve de Heidegger a intuição fenomenológica do *Dasein*, do ser do ente que se desvela e se autointerpreta. Portanto, nossa relação com o mundo não parte mais da consciência constituída pelo suprassensível, que se apropria do outro a partir de suas estruturas cognitivas; parte da possibilidade do compreender contida na linguagem e na historicidade. A linguagem é uma forma de vida que permite uma abertura ao outro.

O pensamento de Gadamer tem influência da hermenêutica da facticidade, uma transformação da fenomenologia de Husserl, produzida por Heidegger, que rompe com o pensamento ordenador da metafísica e desloca o temporal do eterno. A facticidade, diz Gadamer, "sublinha a factualidade do fato", e isso implica um desafio a todo o compreender. Estamos desde já no mundo sem sermos chamados e questionados. Sob essa condição, a hermenêutica reconhece que se encontra "diante do incompreendido e do incompreensível" e, nessa medida, se vê no "caminho do questionamento e é obrigada a compreender" (GADAMER, 1999e, v. 10, p. 63). Mas essa constatação do incompreensível serve

---

[37] No item *Breve genealogia sobre o outro*, a hermenêutica de Gadamer foi referida pela sua possibilidade de produzir um giro em direção à conversação e pensar o outro como outro, distinguindo-se da tradição metafísica

à hermenêutica porque renova o desafio de que não se pode compreender algo totalmente outro, obscuro, e reconhece a "incompreensibilidade de não ser, que é projetado em vista de sentido" (p. 63). Com a hermenêutica da facticidade, a vida "cria e erige constantemente novos encobrimentos" (p. 63). Nesse duplo movimento em direção à abertura e ao encobrimento, a compreensão dependerá da arte de perguntar, de conduzir a uma autêntica conversação, em que não vigora o enquadramento sob critérios predeterminados, mas o que vem à tona é o "*logos*, que não é nem meu, nem teu, e que por isso sobrepuja tão amplamente a opinião subjetiva dos companheiros de diálogo que aquele que o conduz permanece sempre como aquele que não sabe" (1999c, v. 1, p. 373).

Gadamer retoma essa dimensão do diálogo da dialética platônica, centrada na abertura que contém a pergunta, que não se enquadra em pressupostos fixos e que conduziriam a apropriação do outro nas categorias do eu. Ao contrário, a abertura pressupõe que não se tenha uma resposta fixa, uma categoria prévia que enquadraria a resposta. A questionabilidade do que se pergunta deve permanecer em aberto, e a abertura consiste nessa capacidade de colocar em suspensão as ideias (p. 369). Nessa perspectiva, há sempre algo que não pode "ser descoberto pela representação ou pela antecipação do pensamento" (1999d, v. 10, p. 64). A possibilidade de compreensão se estrutura no diálogo, ou seja, na dialética da pergunta e da resposta que permite "um mútuo entendimento e um mundo comum" (1999d, v. 2, p. 6). Nessa medida, o outro suscita perguntas, e isso não se confunde com qualquer intencionalidade da consciência que busca sentido, mas um sentido a ser construído em entendimento. Por isso o diálogo não conduz à retenção da identidade própria de cada um, ao contrário, ele só é possível porque há um outro, uma diferença, um interlocutor radicalmente distinto com qual dialogamos e, nesse processo, nos transformamos. Não se trata de querer dominar a situação, mas de aprendermos "repetidamente a conhecer a diferença do Outro no seu ser-outro nos nossos próprios preconceitos. Eis o máximo e o mais elevado a que podemos aspirar e chegar: participar do Outro, conseguir a participação no Outro" (2009, p. 28).

O que se revela na linguagem do diálogo é a tentativa de "submergir-se em algo com alguém" (p. 335). Mas ao fazermos isso nos expomos, porque cada um dos participantes se obriga a apresentar pressupostos, a rever preconceitos. Assim, o diálogo "nos põe à prova", provoca a exposição de nossas dúvidas diante daquilo que o outro contrapõe. O outro ajuda, sobretudo, a descobrir nossos preconceitos e a romper nossos enclausuramentos. Gadamer distingue a abertura da submissão:

> Escutar o outro não significa simplesmente realizar às cegas o que o outro quer. Ao que é assim se chama submisso. A abertura para o outro implica, pois, o reconhecimento de que devo estar disposto a deixar valer em mim algo contra mim, ainda que não haja nenhum outro que o vá fazer valer contra mim (1999c, v. 1, p. 367).

Mas o diálogo não se restringe a expor razões de parte a parte, ele tem um "potencial de alteridade, que está mais além de todo consenso" (p. 336). A recuperação desse potencial de alteridade no diálogo só foi possível após a denúncia de Heidegger quanto ao logocentrismo da ontologia grega. Ou seja, pode-se recolher conceitualmente a dimensão participativa do diálogo: o *logos* é comum a todos, pertence a todos, o que permite construir "uma ponte para comunicar-se um com o outro e construir identidades sobre o rio da outreidade" (p. 336).

Em esclarecimentos e entrevistas posteriores à publicação de sua obra magna *Verdade e método*, o filósofo rejeita a interpretação de que o encontro com o outro seria passível de redução a uma vontade de poder[38]. Gadamer reconhece que o outro não nos surge através da consciência, mas pela situação do diálogo. Segundo suas palavras, "o que desenvolvi é a ideia de que nosso ser é fundamentalmente um ser em relação com o outro, e não simplesmente um 'ser-com', no sentido de que seu ser dependa desta relação sua com outro" (2010, p. 27). No diálogo o que ocorre é o "poder de *eros*, que desperta os ânimos, e da *phronesis*, da razoabilidade ou sabedoria, que busca o consenso e a mútua compreensão" (p. 68).

A posição de Gadamer, ao retomar a dimensão aberta do diálogo, rompe com as expectativas niveladoras, que resultariam em apropriação, porque a pergunta feita pelo outro o coloca como parceiro de um interminável caminho de busca, trazendo uma ética em que a integração das experiências individuais com o horizonte do outro jamais é concluída, porque a mediação interpretativa

---

[38] No debate entre Gadamer e Derrida, ocorrido em Paris, em 1981, a respeito da hermenêutica e da desconstrução, Derrida considerou que o apelo de Gadamer à boa vontade na busca de compreensão e consenso nada mais é que vontade de poder, não saindo da base metafísica. (Ver os textos que documentam o encontro em MICHELFELDER, D; PALMER, R. *Dialogue & desconstruction: The Gadamer-Derrida Encounter*, 1989). Durante algum tempo o diálogo entre os dois não frutificou. "Que Derrida tenha me entendido desse modo", diz Gadamer, "e que tenha entendido minha boa vontade de compreender com um nietzscheanismo, só se deve ao mal entendido que nasceu na tradução daquele debate [...]. Entretanto temos nos entendido, ele revisou sua posição em relação a mim, depois que em Nápoles lhe expliquei que o horizonte da compreensão, aquele que se fala a propósito da fusão dos horizontes, não pode se tomar como uma posição metafísica" (2010, p. 67)

não tem limites. A experiência hermenêutica, conduzida pelo diálogo, acontece justamente onde e quando algo "ganha voz". A perspectiva formativa do diálogo está vinculada ao seu pressuposto de que não somos incomunicáveis, justamente porque o *logos* pertence a todos e podemos estabelecer novos horizontes interpretativos. O horizonte encontra-se em contínua formação, na medida em que somos confrontados com a pergunta que o outro lança. Assim, compreender é sempre um processo de "fusão de horizontes" (*Horizontsverschmelzung*). Essa bela metáfora não refere à apropriação ou à ingênua absorção do outro, mas contém a dialética entre estranheza e familiaridade, pertença e distanciamento, constitutivas da experiência hermenêutica. A radical consciência dessa situação leva o filósofo a perceber o quanto a dificuldade do diálogo está relacionada com o estranho de nós mesmos:

> Não podemos esconder de nós mesmos o quão duro e o quão imprescindível é que vivamos em diálogo. Não buscamos o diálogo apenas para compreender melhor os outros. Ao contrário, nós mesmos é que somos muito mais ameaçados pelo enrijecimento de nossos conceitos ao querermos dizer alguma coisa e ao buscarmos o acolhimento do outro [...]. O problema não está em não compreendermos o outro, mas em não nos compreendermos. Precisamente quando buscamos compreender o outro, fazemos a experiência hermenêutica que precisamos romper uma resistência em nós, se quisermos ouvir o outro enquanto outro. Essa é, então, uma determinação fundamental de toda a existência humana e ela domina até mesmo a assim chamada autocompreensão (1999e, v. 10, p. 70).

Aqui o diálogo requer a determinação contra o egocentrismo, que reduz o estranho ao próprio. Contudo, essa determinação não exclui o reconhecimento da incompreensão existente em toda a compreensão e também o reconhecimento da impossibilidade de a compreensão ser totalitária, ou seja, ela defronta-se com o pré-reflexivo e o irracional. Isso se condensa na notável afirmação de que a hermenêutica é "o saber do quanto fica, sempre, de não dito, quando se diz algo" (2000, p. 211). Há sempre algo que não é decidível no acontecer da interpretação. Nessa medida, Gadamer recupera o acontecimento do outro. Entretecemos no diálogo o dito e aquilo que ainda não foi dito, porque algo sempre nos escapa, pois somos finitude. Não acolher o estranho seria o próprio fracasso do diálogo; seu êxito estaria na transformação que provoca em nós mesmos. O modo de viver a nossa condição de finitude "é abrir-nos ao outro na situação de diálogo, de escutar o outro, o tu que está em frente" (2010, p. 34). Quando nos encontramos com o outro, o que se busca é a apropriação da verdade que acontece nesse encontro e que produz o acordo da razão. Por isso, diz Gadamer, "a conversação com o outro, suas objeções ou sua aprovação, sua compreensão e também suas incompreensões são uma espécie de ampliação de nossa individualidade e uma pedra de toque do possível acordo a que a razão nos convida" (1999d, v. 2, p. 210).

Na detalhada investigação desenvolvida sobre o sentido do diálogo filosófico, Hösle destaca que só podemos entender o outro porque temos a capacidade de nos colocar no seu lugar, ter a percepção de suas expectativas: "A real intersubjetividade só funciona porque o sujeito duplica-se como mesmo, pode ver-se de fora; essa capacidade é ampliada e refinada pela interação" (Hösle, 2006, p. 28). A intersubjetividade é uma questão decisiva para a hermenêutica, porque ela está mais além da autoconsciência, ou seja, quer "a conservação e não a supressão da alteridade do outro" (GADAMER, 1999d, v. 2, p. 5). Desse modo, Gadamer não só propõe um modo de compreensão em que a aproximação do outro ocorre pelo diálogo, mas o diálogo e a própria hermenêutica só existem porque há um outro que nos convoca, nos interpela, faz perguntas. Com isso se dá a própria formação, porque exige de nós constantes revisões de interpretação e recriação de nós mesmos.

Ao demonstrar que o diálogo é uma abertura ao outro, quero destacar que o aqui proposto não se confunde com uma estratégia didática, que limitaria a espontaneidade da pergunta e da resposta da autêntica conversa. O próprio Gadamer destacou que, muitas vezes, a docência revela nossa incapacidade para o diálogo, especialmente quando o professor entende que, para ensinar, ele deve expor o pensamento, revelando, assim, a estrutura monológica da ciência que não nos habilita para a conversação. Portanto, a abertura ao outro pelo diálogo é, sobretudo, uma disposição para ouvir e construir um mundo comum. A experiência humana da docência inclui o entender-se e o desentender-se uns com os outros, e pode recuperar a forma originária de experiência dialógica entre mestre e discípulo. Dessa experiência histórica, aprendemos que o diálogo não objetiva apenas pôr à prova nossas próprias opiniões no transcurso da dialética entre pergunta e resposta, mas se constitui como uma práxis, uma forma de vida que pode esclarecer os participantes sobre si mesmos para agirem melhor. Nesse aspecto, "a práxis dialógica é uma orientação e um exercício para o bem viver. Ela mesma é e visa a formação e a auto-educação (*paideia*) do homem" (MEYER, 2006, p. 9). É nesse encontro que pode frutificar uma ética da alteridade.

| EPÍLOGO

PODE A EDUCAÇÃO FAZER JUSTIÇA À SINGULARIDADE DO OUTRO?

> Nos Rios ao Norte do Futuro
> Lanço a rede que tu
> hesitante carregas
> de sombras escritas
> por pedras
>
> Paul Celan, *Mudança de ar*

A questão do outro e seu significado para a ética em educação exige, inicialmente, o deslocamento do horizonte da metafísica, que enclausura as possibilidades de abertura à alteridade, para o horizonte da facticidade. Isso implica reconhecer um problema para a educação, pois o sujeito autônomo e autodeterminado se constitui num processo de autorrelação e reflexividade, sem apelo à exterioridade. Ou seja, já na constituição metafísica do sujeito moderno o outro não é considerado. O problema refere-se, então, ao eclipsamento na relação com o outro, com a diferença e com o estranho. Podemos lembrar o quanto a educação se debate com essa questão nos conhecidos esforços pedagógicos em atender às peculiaridades dos alunos, desde a introdução de procedimentos metodológicos para tornar o ensino mais ajustado às diferenças individuais, a reforma curricular com vistas a atender demandas históricas de reconhecimento denegado às minorias,[39] o acolhimento de ações pedagógicas com

---

[39] É o caso da Lei n. 10.639/03, reivindicação do Movimento Social

ênfase nos artefatos culturais que enfatizam novos modos de subjetivação, a implantação de diferentes modalidades de tecnologias digitais no ensino com ênfase na dimensão interativa, incluindo também a preocupação com as peculiaridades do desenvolvimento psíquico, moral e intelectual dos alunos e, sobretudo, as reiteradas defesas da interação entre professor e aluno. Movimentos pedagógicos diversos, desde a Escola Nova, reafirmam a necessidade de atender às diferenças, sem, contudo, dimensionar o problema de forma adequada. Tais iniciativas fazem parte de nosso ideário, mas não apreendem o problema da alteridade, porque esbarram em dificuldades estruturais, "entulhos", para usar um termo de Heidegger,[40] em que o outro e a diferença ficam referidas a um critério de normalização. A questão não é tratar a alteridade e a diferença epistemologicamente ou pelo método, mas pelo tratamento ético, que dá visibilidade a algo que foi encoberto na tradição metafísica e, sobretudo, busca reconhecimento do outro, que tem a dignidade lesada ao ser excluído pela rigidez de princípios morais. A ética tradicional não põe em evidência o outro; ao contrário, ou ele é deposto pela consciência ou é uma concessão da vontade. Em ambos os casos a diferença é negada. Nessa medida, como analisamos anteriormente, o sujeito tende a se perturbar diante daquilo que é estranho à sua estrutura e isso ocorre nos processos educativos, sobretudo na relação entre professores e alunos. Somos

---

Negro, que estabelece a obrigatoriedade do ensino sobre História e Cultura Afro-Brasileira nos estabelecimentos de ensino fundamental e médio.

[40] No parágrafo 6 de *Ser e tempo*, referindo-se à questão do sentido do ser do modo como foi tratado pela metafísica, Heidegger diz: "é necessário, então, que se abale a rigidez e o endurecimento de uma tradição petrificada e se removam os entulhos acumulados" (HEIDEGGER, 1995, p. 51).

sempre surpreendidos pela tentação de definir, delimitar o outro. Nenhuma diferença ou singularidade é, como alertava Heidegger, feita por nós. Ou seja, ela acontece e nós somos colocados nessa diferença, é ela que nos convoca. Nessa perspectiva, Waldenfels defende uma peculiar lógica de resposta que perceba o outro para além de nossa própria compreensão, que reconheça sua inevitabilidade e sua singularidade e que produza respostas fora das normalizações existentes. As abordagens fenomenológica e hermenêutica criam uma nova consciência metodológica da questão do outro, abrindo perspectivas inovadoras ao problema. É necessário, contudo, destacar que as posições discutidas nesta pesquisa sobre a questão do outro não são idênticas. As posições de Waldenfels, Gadamer, Habermas, Derrida têm diferenças entre si e, cada uma a seu modo, abre uma perspectiva própria em relação à resposta ao outro.

Em Gadamer há um movimento de conversação na busca de compreender o que é o estranho, o outro e a diferença, uma busca de verdade implícita no encontro. Por isso defende o diálogo. Nessa busca de entendimento, realizamos um encontro com o outro que expande nosso horizonte. O diálogo só é possível porque há um outro, uma diferença, um interlocutor radicalmente distinto com qual mantemos uma conversação e, nesse processo, nos transformamos. Derrida não faz essa aposta, pois é cético em conciliar teses contraditórias. Ele denuncia uma lógica de dominação e considera que estamos sempre sujeitos a falhar na tentativa de fazer justiça ao outro. Habermas entende que a racionalidade comunicativa pode superar os processos de exclusão e de dominação do outro pelas possibilidades contidas no diálogo, que se embasa na força do modelo hermenêutico de entendimento, adquirido em nossas conversas cotidianas e desenvolvido metodologicamente por Humboldt e por Gadamer. De acordo com essa posição seria, então, inconsistente a ideia de um universo fechado em si mesmo, incomensurável em relação a outros universos semelhantes em que não poderíamos nos comunicar. Pelo esforço hermenêutico, os participantes de um diálogo podem perceber a unilateralidade de suas perspectivas (que provém de contextos culturais específicos) e alargá-las até perceber que podem se aproximar. Waldenfels, por sua vez, desconfia do consenso e não considera que o diálogo possa equilibrar o próprio e o estranho, o eu e o outro, sem roubar sua estranheza. Propõe uma descrição fenomenológica do outro como acontecimento, ou seja, há sempre uma dimensão inapreensível do outro, que exige que o eu suspenda a intenção racional de tornar o outro disponível para mim.

Não creio, contudo, que para responder a pergunta deste epílogo seja produtivo destacar as oposições entre os autores, mas colocar essas contribuições no âmbito de uma constelação, como sugerem Adorno,[41] Schäfer[42] e Bernstein.[43] Segundo Adorno, na constelação encontram-se campos de força, conteúdos em movimento, tensões entre as diversas camadas de sentido, que postas em perspectiva ajudam a explicitá-las.

---

[41] O termo *constelação* acha-se disperso na obra de Adorno, mas na *Dialética negativa* o filósofo aborda uma outreidade e uma diferença que não se deixam apreender, para as quais ele sugere a metáfora da constelação, que permite escapar à certeza aparente da identificação e ver o outro sob nova luz.

[42] Schäfer (2005, p. 205) propõe um pensar constelador a partir da ideia adorniana de constelação, como a exigência de contemplar o outro sob novas configurações.

[43] Bernstein sugere que a metáfora da constelação é um recurso apropriado para "discernir o complexo relacionamento entre Habermas e Gadamer" (2002, p. 275).

Assim, o pensar constelador permite ver as diferentes interpretações a respeito do outro sob nova luz. Nesse jogo entre suas diferenças, que escapa a lógica da identidade, podemos responder à questão se a educação atende à singularidade do outro.

Num primeiro movimento torna-se visível que a relação com o outro na tentativa de não fraudar sua singularidade é comum em Gadamer, Waldenfels, Habermas e Derrida, porque rejeitam uma ação ética baseada no cálculo estratégico. Num segundo movimento, percebe-se que a singularidade nunca é totalmente aprendida, e em qualquer intervenção educativa há que se reconhecer um espaço de inapreensibilidade do outro. Isso, contudo, não impede as possibilidades contidas no diálogo enquanto um modo de aproximação, pois o jogo e a fusão de horizontes buscam um entendimento que expande nosso próprio horizonte para reconhecer o outro. A relação entre estranheza e familiaridade, constitutiva de todo o compreender, exige a exposição ao outro e o acolhimento de sua pergunta. E, nesse processo, nosso entendimento não permanece fechado em si mesmo, pois o impacto do diálogo provoca quebras e rupturas que forçam a revisão de posição. O alerta de Derrida e Waldenfels, que as tensões e aporias na relação com a alteridade não estabelecem uma coerência e trazem os riscos de uma centralização redutora do outro, põe em cena os possíveis problemas e lacunas da experiência dialógica, nem sempre visíveis. Mas a essa suspeita quanto aos problemas que se interpõem à acessibilidade do outro pode-se contrapor a insistência de Gadamer de que é no acontecer do diálogo que o sentido surge, pois é no encontro com o outro que a verdade acontece. O que importa, diz Gadamer, "é experimentar o tu como um tu, isto é, não passar ao largo de suas pretensões e permitir que ele nos diga algo" (GADAMER, 1999c, v.1, p. 366). Seria uma concessão inaceitável ao ideal de transparência pensarmos que uma aproximação do outro não reconheceria que algo sempre nos escapa, que fica algo "de não dito, quando se diz algo" (2000, p. 211), como nos alertou Gadamer. Desse modo, os processos educativos mantêm uma relação tensa com a singularidade do outro, pois ele nos confronta com os limites de nossas próprias possibilidades. Ao dialogar, fundir horizontes, produzir acordos, há o perigo de se passar por cima das heterogeneidades e singularidades que nos interpelam, mas não é menor o risco de nos fascinarmos com a inacessibilidade e indecidibilidade que nos afastam de uma unidade e de um mundo comum. No recurso a um pensamento constelador, que expõe as aporias e diferentes camadas de sentido, pode-se reconhecer que a questão da justiça à singularidade do outro situa-se numa dimensão ambivalente e paradoxal e desfaz as seguranças e as certezas metafísicas da representação do outro. Será, então, que todos os esforços históricos de constituir um projeto educativo que reconheça o outro estão fadados ao fracasso? Nossa resposta oscila num espaço estranho entre sim e não, pois a negação de muitas experiências históricas que permitiram o outro ser acolhido seria impossível; desconhecer a tendência da educação em abordar o outro num esquema prévio de representação seria manter-se numa ilusão. Cada diálogo, cada compreensão e cada acordo constituem um avanço na busca de um sentido da alteridade, mas nunca se esgotam em suas possibilidades, pois a ação educativa com frequência subtrai a outreidade do outro. Por isso a pergunta se a educação faz justiça à alteridade tem que se estabelecer no movimento paradoxal da educação já anunciado por Kant[44], pois, assim, ganha em compreensão e pode abrir-se em novas perspectivas, na direção de uma responsabilidade para com o outro.

A defesa da experiência estética é um caminho para essa abertura, pois a vertigem que esse tipo de experiência provoca joga a experiência de si mesmo na capacidade de ser outro. Isso nos permite sermos nós mesmos sendo outros. A sensibilidade aflorada na experiência estética não é pobre nem restrita, ao contrário, pode nos abrir para o imprevisível e o inesperado, criando condições para perceber o acontecimento do outro. A educação tem na experiência estética uma aliada para remover os "entulhos", desbloquear nossas rígidas estruturas de apropriação, aplainando o caminho para que a multiplicidade de vozes do outro se faça audível.

Uma questão própria da ética em educação refere-se às normas universais. Como sabemos, aceitar a normatividade universal ou recusá-la em favor do particularismo é, ainda, um dos temas centrais no debate filosófico contemporâneo e assume especial relevância para a filosofia da educação, porque a normatividade é indissociável da sociabilidade, da constituição de um mundo comum. Aqui, mais uma aporia se interpõe, pois a norma representa algo externo, que gera a submissão da diferença e força nossas ações a uma resposta normalizada. A essa questão, contudo, pode-se contrapor o modo como as normas são produzidas e aplicadas. Se elas se constituem na discursividade e continuamente são contestadas e revisadas, já estão deslocadas para um cenário pós-metafísico, podem

---

[44] Refiro-me ao paradoxo apontado por Kant no texto *Sobre a pedagogia*, em que se questiona se é possível educar para a liberdade sem coação.

incorporar novas reivindicações históricas e não permanecer inflexíveis. Nesse sentido, Habermas afirma:

> Para que nos libertemos dos grilhões de uma falsa e apenas presumível universalidade de princípios seletivamente esgotados e aplicados de uma forma insensível ao contexto, sempre foram necessários, e ainda o são hoje em dia, movimentos sociais e lutas políticas, no sentido de podermos aprender, a partir das experiências dolorosas e do sofrimento irreparável dos humilhados e ofendidos, dos feridos e violentados, que ninguém pode ser excluído em nome do universalismo moral – nem as classes subprivilegiadas nem as nações exploradas, nem as mulheres domesticadas nem as minorias marginalizadas (HABERMAS, 1991, p. 115).

Desse modo, o confronto entre a universalidade da regra e a singularidade do outro sublinha o caráter paradoxal da educação. Sem normas não há sociabilidade possível, e com elas tendemos a processos de apropriação e exclusão do outro. Estaríamos assim novamente diante da incomensurabilidade dos mundos? Gadamer, sobretudo nos textos mais tardios, reflete sobre esse problema e faz um apelo àquilo que nos une, uma espécie de mundo comum e de laço social. Diz ele:

> Parece-me um defeito de nossa mentalidade pública que se alce sempre o diferente, o discutido, o polêmico e o dúbio à consciência dos homens e que deixamos, por assim dizer, sem voz, aquilo que é verdadeiramente comum e vinculante. Já colhemos os frutos de uma larga educação para o diferente e a sensibilidade que exige a percepção das diferenças. A nossa educação histórica vai nesta direção [...]. Tenho a impressão de que aqui seria conveniente uma reflexão sobre as solidariedades

profundamente radicadas nos padrões da vida humana [...]. Elevar à nossa consciência aquilo que nos une (GADAMER, 2009, p. 120).

Habermas também destaca a solidariedade que "se enraíza na experiência da necessária responsabilidade pelo outro, visto que todos têm de estar de igual forma interessados, enquanto companheiros da mesma causa, na integridade de seu universo comum" (GADAMER, 1991, p. 70). Assim, as normas não são neutras e a-históricas, ao contrário, expressam a existência de um reconhecimento recíproco daqueles que integram um mundo comum e constituem parte de nossa autocompreensão moral.

Reconhecer a radical alteridade do outro não significa que não possamos entendê-lo, assim como também talvez não possamos fazer justiça à sua singularidade. Mas o diálogo e a experiência estética podem promover a imaginação e a sensibilidade exigidas para o estabelecimento de uma reciprocidade possível entre o eu e o outro. Esse é um caminho para que a ação educativa não seja violenta.

REFERÊNCIAS

ADORNO, Theodor W. *Ästhetische Theorie. Gesammelte Schriften*. Herausgegeben von Rolf Tiedemann. Darmstadt: Wissenschaftliche Buchgesellschaft, 1998a. v. 7.

ADORNO, Theodor W. *Dialektik der Aufklärung. Gesammelte Schriften*. Herausgegeben von Rolf Tiedemann. Darmstadt: Wissenschaftliche Buchgesellschaft, 1998b. v. 3.

ADORNO, Theodor W. *Negative Dialektik. Gesammelte Schriften*. Herausgegeben von Rolf Tiedemann. Darmstad: Wissenschaftliche Buchgesellschaft, 1998c. v. 6.

ARISTÓTELES. *Magna moralia*. Tradução e introdução de Teresa Martínez Manzano e Leonardo Rodríguez Duplá. Madrid: Editorial Gredos, 2011.

ARISTÓTELES. *Metafísica*. Trad. Tomás Calvo Martínez. Madrid: Editorial Gredos, 1994.

ARISTÓTELES. *Política*. Introdução, tradução e notas de Manuela García Valdés. Madrid: Editorial Gredos, 1988.

BAUMGARTEN, Alexander Gottlieb. *Theoretische Ästhetik: Die gründlegenden Abschnitte aus der "Äesthetica"*. Hamburg: Felix Mainer, 1988.

BENNINGTON, Geoffrey. Desconstrução e ética. In: DUQUE--ESTRADA, Paulo Cesar (Org.). *Desconstrução e ética: ecos de Jacques Derrida*. Trad. Elizabeth Muylaert. Rio de Janeiro: Ed. PUC-Rio; São Paulo: Loyola, 2004. p. 9-31.

BERNARDO, Fernanda. Lévinas e Derrida: pensamentos da alteridade "ab-soluta". *Revista do Instituto Humanitas Unisinos*, São Leopoldo, ano VIII, n. 277, out. 2008. Disponível em: <http://www.ihuonline.unisinos.br/index.php?option=com_content&view=article&id=2230&secao=277>. Acesso em: 6 jan. 2013.

REFERÊNCIAS

BERNSTEIN, Richard. The constellation of Hermeneutics, Critical Theory, and Deconstruction. In: DOSTAL, Robert (Ed.). *The Cambridge Companion to Gadamer*. New York: Cambridge University Press, 2002. p. 267-282.

BOBONICH, Chris. Os tratados éticos de Aristóteles. In: KRAUT, Richard (Org.). *Aristóteles: a ética a Nicômaco*. Trad. Priscilla Spinelli. Porto Alegre: Artmed, 2009. p. 11-20.

BÖHME, Hartmut; BÖHME, Gernot. *Das andere der Vernunft: Zur Entwicklung von Rationalitätsstrukturen am Beispiel Kants*. Frankfurt am Main: Suhrkamp, 1985.

BOMBASSARO, Luiz Carlos; DALBOSCO, Cláudio; KUIAVA, Evaldo. A. *Pensar sensível:* homenagem a Jayme Paviani. Caxias do Sul: Educs, 2011. p. 433-443.

BORRADORI, Giovanna. *Filosofia em tempos de terror: diálogos com Habermas e Derrida*. Trad. Roberto Muggiati. Rio de Janeiro: Zahar, 2004.

BRASIL. Lei n. 10.639, de 9 de janeiro de 2003. Altera a Lei nº 9.394, de 20 de dezembro de 1996, que estabelece as diretrizes e bases da educação nacional, para incluir no currículo oficial da Rede de Ensino a obrigatoriedade da temática "História e Cultura Afro-Brasileira", e dá outras providências. *Diário Oficial [da] República Federativa do Brasil*, Brasília, DF, 10 jan. 2003. Disponível em: <http://www.planalto.gov.br/ccivil_03/leis/2003/l10.639.htm>. Acesso em: 15 abr. 2014.

BRUNKHORST, Hauke; KREIDE, Regina; LAFONT, Cristina (Hrsg.). *Habermas Handbuch: Leben, Werk, Wirkung*. Darmstadt: Wissenschaftliche Buchgesellschaft, 2009.

BUBNER, Rüdiger. *Ästhetische Erfahrung*. Frankfurt am Main: Suhrkamp, 1989.

BURNET, John. *A aurora da filosofia grega*. Trad. Vera Ribeiro. Rio de Janeiro: Contraponto/Ed. PUC-Rio, 2006.

CAMBI, Franco. *História da pedagogia*. Trad. Álvaro Lorencini. São Paulo: Ed. UNESP, 1999.

CARBONARA, Vanderlei. *Educação, ética e diálogo desde Levinas e Gadamer*. Porto Alegre: Pontifícia Universidade Católica do Rio Grande do Sul, 2013. Tese (Doutorado em Educação) – Programa de Pós-Graduação em Educação, Pontifícia Universidade Católica do Rio Grande do Sul, Porto Alegre, 2013.

CASAGRANDE, Cledes. *A formação do eu em Mead e em Habermas: desafios e implicações à educação.* Porto Alegre: Pontifícia Universidade Católica do Rio Grande do Sul, 2012. Tese (Doutorado em Educação) – Programa de Pós-Graduação em Educação, Pontifícia Universidade Católica do Rio Grande do Sul, Porto Alegre, 2012.

DE WAAL, Frans. *A era da empatia: lições da natureza para uma sociedade mais gentil.* Trad. Rejane Rubino. São Paulo: Companhia das Letras, 2010.

DE WAAL, Frans. *Primates y filósofos:* la evolución de la moral del símio al hombre. Trad. Vanesa Casanova Fernández. Barcelona: Paidós, 2007.

DEPRAZ, Natalie. Outrem: outrem e o altruísmo. In: CANTO-SPERBER, Monique (Org.). *Dicionário de ética e filosofia moral.* Trad. Ana Maria Ribeiro-Althoff *et al..* São Leopoldo: Editora Unisinos, 2003. v. 2, p. 274-278.DERRIDA, Jacques. *A escritura e a diferença.* Trad. Maria Beatriz M. da Silva. São Paulo: Perspectiva, 2002.

DERRIDA, Jacques. A solidariedade dos seres vivos: entrevista concedida a Evando Nascimento. *Folha de S. Paulo*, São Paulo, 21 jul. 2001. Disponível em: <http://www1.folha.uol.com.br/fsp/mais/fs2705200111.htm>. Acesso em: 25 dez. 2012.

DERRIDA, Jacques. *Adeus a Emmanuel Lévinas.* Trad. Fábio Landa. São Paulo: Perspectiva, 2004a.

DERRIDA, Jacques. Auto-imunidade: suicídios reais e simbólicos. In: BORRADORI, Giovanna. *Filosofia em tempo de terror, diálogos com Habermas e Derrida.* Trad. Roberto Muggiati. Rio de Janeiro: Jorge Zahar, 2004b. p. 95-145.

DERRIDA, Jacques. *Gramatologia.* 2. ed. Trad. Miriam Chnaiderman e Renato Janine Ribeiro. São Paulo: Perspectiva, 2004c.

DERRIDA, Jacques. *Márgenes de la filosofía.* Madrid: Cátedra, 1989.

DESCARTES, René. *As paixões da alma.* Trad. J. Guinsburg e Bento Prado Júnior. São Paulo: Abril Cultural, 1973a. (Coleção Os pensadores, 15)

DESCARTES, René. *Meditações.* Trad. J. Guinsburg e Bento Prado Júnior. São Paulo: Abril Cultural, 1973b. (Coleção Os pensadores, 15)

REFERÊNCIAS

DEWEY, John. *Democracia e educação: breve tratado de philosophia da educação*. Trad. Godofredo Rangel e Anísio Teixeira. São Paulo: Companhia Editora Nacional, 1936.

DODDS, Eric Robertson. Plato and the irrational soul. In: VLASTOS, Gregory. *Plato II: a collection of critical essays*. Notre Dame, Indiana: University of Notre Dame Press, 1978. p. 206- 228.

DOSTAL, Robert (Ed.). *The Cambridge Companion to Gadamer*. New York: Cambridge University Press, 2002.

ESCHER, Maurits Cornelis. O mundo mágico de Escher. Brasília: [s.n.], 2010. 168 p. Catálogo de exposição, 12 out. - 26 dez. 2010, Centro Cultural Banco do Brasil.

FLICKINGER, Hans-Georg. *A caminho de uma pedagogia hermenêutica*. Campinas: Autores Associados, 2010.

FLICKINGER, Hans-Georg. O fundamento ético da hermenêutica contemporânea. *Veritas,* Porto Alegre, v. 48, n. 2, p. 169-179, junho 2003.

FLICKINGER, Hans-Georg. Senhor e escravo: uma metáfora pedagógica. *Revista de educação AEC*, Brasília, v. 29, n. 114, p. 9-20, jan./mar. 2000.

FREUD, Sigmund. O estranho. In: FREUD, Sigmund. *Obras psicológicas completas de Sigmund Freud; edição standard*. Rio de Janeiro: Imago, 1988a. v. 17, p. 235-269.

FREUD, Sigmund. Uma dificuldade no caminho da psicanálise. In: FREUD, Sigmund. *Obras psicológicas completas de Sigmund Freud; edição standard*. Rio de Janeiro: Imago, 1988b. v. 17. p. 145-153.

GADAMER, Hans-Georg. Ästhetik und Poetik I. In: GADAMER, Hans-Georg. *Gesammelte Werke*. Tübingen: Mohr Siebeck, 1999a. v. 8.

GADAMER, Hans-Georg. Ästhetik und Poetik II. In: GADAMER, Hans-Georg. *Gesammelte Werke*. Tübingen: Mohr Siebeck, 1999b. v. 9.

GADAMER, Hans-Georg. *El último dios: la lección del siglo XX; un diálogo con Riccardo Dottori*. Trad. José Luis Vea. Barcelona: Anthropos Editorial; México: Universidad Autónoma Metropolitana. Cuajimalpa, 2010.

GADAMER, Hans-Georg. *Herança e futuro da Europa*. Trad. António Hall. Lisboa: Edições 70, 2009.

GADAMER, Hans-Georg. Hermeneutik I Wahrheit und Methode: Grundzüge einer philosophischen Hermeneutik. In: GADAMER, Hans-Georg *Gesammelte Werke*. Tübingen: Mohr Siebeck, 1999c. v. 1.

GADAMER, Hans-Georg. Hermeneutik II Wahrheit und Methode: Ergänzungen, Register. In: GADAMER, Hans-Georg. *Gesammelte Werke*. Tübingen: Mohr Siebeck, 1999d. v. 2.

GADAMER, Hans-Georg. Hermeneutik im Rückblick. In: GADAMER, Hans-Georg. *Gesammelte Werke*. Tübingen: Mohr Siebeck, 1999e. v. 10.

GADAMER, Hans-Georg. La hermenéutica tras la huella. In: RAMOS, Antonio Gómez (Ed.). *Diálogo y deconstrucción: los limites del encuentro entre Gadamer y Derrida*. Madrid: Cuaderno Gris, 1998. p. 231- 253.

GADAMER, Hans-Georg. Retrospectiva dialógica à obra reunida e sua história de efetuação: entrevista de Jean Grondin a H. G. Gadamer. In: ALMEIDA, Custódio L.; FLICKINGER, Hans-Georg; ROHDEN, Luiz (Orgs.). *Hermenêutica filosófica: nas trilhas de Hans-Georg Gadamer*. Porto Alegre: EDIPUCRS, 2000.

GAUT, Berys. *Art, Emotion and Ethics*. Oxford; New York: Oxford University Press, 2007.

GEHRING, Petra; FISCHE, Matthias. Metaphysikkritik, Politikkritik, Ethik: Ausschinitte aus einen Gespräch MIT Bernhard Waldenfels, 21 dez. 1999. *Journal Phänomenologie*, Bochum, 13, 2000. Disponível em: <http://webcache.googleusercontent.com/search?q=cache:http://www.journal-phaenomenologie.ac.at/texte/jph13_interview.html>. Acesso em: 4 mar. 2012.

GUMBRECHT, Hans Ulrich. *Lento presente: sintomatología del nuevo tiempo histórico*. Trad. Lucía R. Briones. Madrid: Escolar y Mayo Editores, 2010.

GUTHRIE, W. K. C. Plato's views on the nature of the soul. In: VLASTOS, Gregory (Ed.). *Plato II: a collection of critical essays*. Notre Dame, Indiana: University of Notre Dame Press, 1978. p. 230-243.

HABERMAS, Jürgen. *Consciência moral e agir comunicativo*. Trad. Guido de Almeida. Rio de Janeiro: Tempo Brasileiro, 1989.

HABERMAS, Jürgen. *Die Einbeziehung des Anderen*: Studien zur Politischen Theorie. 2. ed. Frankfurt am Main: Suhrkamp, 1997.

HABERMAS, Jürgen. *Erläuterungen zur Diskursethik*. Frankfurt am Main.: Suhrkamp, 1991.

HABERMAS, Jürgen. *Dialética e hermenêutica: para crítica da hermenêutica de Gadamer*. Trad. Álvaro Valls. Porto Alegre: LP&M, 1987.

HABERMAS, Jürgen. Modernidade: um projeto inacabado. In: ARANTES, Otília; ARANTES, Paulo. *Um ponto cego no projeto moderno de Jürgen Habermas*. São Paulo: Brasiliense, 1992.

HABERMAS, Jürgen. *Theorie des kommunikativen Handelns*.4. ed. Frankfurt am Main: Suhrkamp, 1987. v. 1.

HABERMAS, Jürgen. *Teoria do agir comunicativo*. Trad. Paulo A. Soethe. São Paulo: Martins Fontes, 2012. v. 1.

HABERMAS, Jürgen. *Zwischen Naturalismus und Religion: Philosophische Aufsätze*. Frankfurt am Main: Suhrkamp, 2005.

HEGEL, Georg Friedrich. *Fenomenologia do espírito*. 2. ed. Trad. Paulo Meneses, com colaboração de Karl-Heinz Efken e José Nogueira Machado. Petrópolis: Vozes; Bragança Paulista: USF, 2003.

HEGEL, Georg Friedrich. *Phänomenologie des Geites. Hauptwerke*. Darmstadt: Wissenschftliche Buchgesellschaft, 1999. v. 1.

HEIDEGGER, Martin. *Caminos de bosque*. Trad. Helena Cortés e Arturo Leite. Madrid: Alianza Universidad, 1995a.

HEIDEGGER, Martin. *Ser e tempo*. Trad. Márcia de Sá Cavalcante. Petrópolis: Vozes, 1995b. v. 1.

HEIT, Helmut. Politischer Diskurs und dialogische Philosophie bei Jürgen Habermas. In: MEYER, Martin (Hrsg.). *Zur Geschichte des Dialogs*: Philosophische Positionen von Sokrates bis Habermas. Darmstadt: Wissenschaftliche Buchgesellschaft, 2006, p. 225-236.

HERMANN, Nadja. *Autocriação e horizonte comum: ensaios sobre educação ético-estética*. Ijuí: Ed. UNIJUÍ, 2010. (Coleção Fronteiras da Educação)

HERMANN, Nadja. Breve investigação genealógica sobre o outro. *Educação e sociedade*, Campinas, v. 32, n. 114, p. 137-149, jan.-mar. 2011.

HERMANN, Nadja. *Ética e estética: a relação quase esquecida*. Porto Alegre: EDIPUCRS, 2005.

HODGE, Joanna. *Heidegger e a ética*. Trad. Gonçalo Couceiro Feio. Lisboa: Instituto Piaget, 1995.

HONNETH, Axel. *Luta por reconhecimento:* a gramática moral dos conflitos sociais. Trad. Luiz Repa. São Paulo: Ed. 34, 2003a.

HONNETH, Axel. Reconhecimento. In: CANTO-SPERBER, Monique (Org.). *Dicionário de ética e filosofia moral.* Trad. Paulo Novaes. São Leopoldo: Ed. Unisinos, 2003b. p. 473-478.

HONNETH, Axel. *Crítica del agravio moral: patologías de la sociedad contemporánea.* Trad. Peter S. Diller. Buenos Aires: Fondo de Cultura Económica, Universidad Autónoma Metropolitana, 2009.

HÖSLE, Vittorio. *Der philosophische Dialog: Eine Poetik und Hermeneutik.* München: Beck, 2006.

HUGUES, Fiona. O espaço estético: entre a mímesis e a expressão. In: DUARTE, Rodrigo; FIGUEIREDO, Virgínia. *Mímesis e expressão.* Belo Horizonte: Ed. UFMG, 2001.

HUMBOLDT, Wilhelm von. Schriften zur Anthropologie und Geschichte. In: *Werke in Fünf Banden.* Stuttgart: J.G. Cotta'sche Buchhandlung, 1980, v. 1.

HUSSERL, Edmund. Cartesianische meditationen. In: *Gesammelte Schriften.* Herausgegeben von Elisabeth Ströker. Hamburg: Felix Meiner Verlag, 1992. v. 8.

KANT, Immanuel. *Crítica da razão pura.* 2. ed. Manuela Pinto dos Santos e Alexandre F. de Mourão. Lisboa: Fundação Calouste Gulbenkian, 1989.

KANT, Immanuel. Die Metaphysik der Sitten. In: *Werkausgabe.* 10. ed., Herausgegeben von Wilhelm Weischedel. Frankfurt am Main.: Suhrkamp, 1993. v. VIII.

KANT, Immanuel.*Sobre a pedagogia.* Trad. Francisco Cock Fontanella. Piracicaba: Editora Unimep, 1996.

KITCHER, Philip. Ética y evolución: como se lhega hasta aquí. In: DE WAAL, Frans. *Primates y filósofos: la evolución de la moral del símio al hombre.* Trad. Vanesa Casanova Fernández. Barcelona: Paidós, 2007. p. 155-176.

KIRCHOF, Edgar Roberto. *A estética antes da estética: de Platão, Aristóteles, Agostinho, Aquino e Locke a Baumgarten.* Canoas: Ed. ULBRA, 2003.

KLEE, Paul. Schöpferische Konfession. In: *Tribüne der Kunst und der Zeit. Eine Schriftensammlung.* Band XIII, Ed. Kasimir Edschmid. Reiß, Berlin, 1920.

KLINTOWITZ, Jacob. *Cândido Portinari: retrato do Brasil* Disponível em: <http://www.revista.agulha.nom.br/ag48portinari.htm>. Acesso em: 1º de maio 2012.

KORSGAARD, Christine M. La moralidad y la singularidad de la acción humana. In: DE WAAL, Frans. *Primates y filósofos: la evolución de la moral del símio al hombre.* Trad. Vanesa Casanova Fernández. Barcelona: Paidós, 2007. p. 131-153.

KOSELLECK, Reinhart. *Futuro passado: contribuição à semântica dos tempos históricos.* Trad. Wilma P. Maas e Carlos A. Pereira. Rio de Janeiro: Contraponto/Ed. PUC-Rio, 2006.

LEINKAUF, Thomas. Arte como *proprium humanitatis.* In: BOMBASSARO, Luiz C.; DALBOSCO, Claudio A.; KUIAVA, Evaldo A. (Orgs.) *Pensar sensível: homenagem a Jayme Paviani.* Caxias do Sul: Educs, 2011. p. 483-495.

LÉVINAS, Emmanuel. *Totalidade e infinito.* Trad. José Pinto Ribeiro. Lisboa: Edições 70, 2000.

MAIA-FLICKINGER, Muriel. Schopenhauer e a concepção romântico-idealista da natureza. *Veritas,* Porto Alegre, v. 38, n. 152, p. 551-570, dez. 1993.

MAILLARD, Chantal. *La razón estética.* Barcelona: Editorial Laertes, 1988.

MARQUES, António. *Sujeito e perspectivismo.* Lisboa: Dom Quixote, 1989.

MATTÉI, Jean-François. *A barbárie interior: ensaio sobre o i-mundo moderno.* Trad. Isabel Maria Loureiro. São Paulo: Ed. Unesp, 2002.

MEYER, Martin. Einleitung. In: MEYER, Martin. (Hrsg.). *Zur Geschichte des Dialogs: Philosophische Positionen von Sokrates bis Habermas.* Darmstadt: Wissenschaftliche Buchgesellschaft, 2006. p. 8-14.

MICHELFELDER, Diane; PALMER, Richard. *Dialogue & deconstruction: the Gadamer-Derrida enconter.* New York: State University of New York Press, 1989.

MIRANDA, José Valdinei Albuquerque. Ética da alteridade e educação. Porto Alegre: Universidade Federal do Rio Grande do Sul, 2008. Tese (Doutorado em Educação) – Programa de Pós-Graduação em Educação, Universidade Federal do Rio Grande do Sul, 2013.

NIETZSCHE, Friedrich. Also sprach Zarathustra. In: *Kritische Studienausgabe*. München: Deutscher Taschenbuch Verlag; Berlin/New York: de Gruyter, 1988a. v. 4.

NIETZSCHE, Friedrich. Die fröhliche Wissenschaft. In: *Kritische Studienausgabe*. München: Deutscher Taschenbuch Verlag; Berlin/New York: de Gruyter, 1988b. v. 3.

NIETZSCHE, Friedrich. Die Geburt der Tragödie. In: *Kritische Studienausgabe*. München: Deutscher Taschenbuch Verlag; Berlin/New York: de Gruyter, 1988c. v. 1.

NIETZSCHE, Friedrich. Jenseits vom Gut und Böse. In: *Kritische Studienausgabe*. München: Deutscher Taschenbuch Verlag; Berlin/New York: de Gruyter, 1988d. v. 5.

NIETZSCHE, Friedrich. Menschlisches, allzumeschlisches. In: *Kritische Studienausgabe*. München: Deutscher Taschenbuch Verlag; Berlin/New York: de Gruyter, 1988e. v. 2.

NIETZSCHE, Friedrich. Morgenröte. In: *Kritische Studienausgabe*. München: Deutscher Taschenbuch Verlag; Berlin/New York: de Gruyter, 1988b. v. 3.

NIETZSCHE, Friedrich. Nachgelassene Fragmente 1985-1887. In: *Kritische Studienausgabe*. München: Deutscher Taschenbuch Verlag; Berlin/New York: de Gruyter, 1988f. v. 12.

NIETZSCHE, Friedrich. Nachgelassene Fragmente 1987-1889. In: *Kritische Studienausgabe*. München: Deutscher Taschenbuch Verlag; Berlin/New York: de Gruyter, 1988g. v. 13.

NIETZSCHE, Friedrich. Zur Genealogie der Moral. In: *Kritische Studienausgabe*. München: Deutscher Taschenbuch Verlag; Berlin/New York: de Gruyter, 1988d. v. 5.

NUSSBAUM, Martha. *Paisajes del pensamiento: la inteligencia de las emociones.* Trad. Araceli Maira. Barcelona: Paidós, 2008.

PANOFSKY, Erwin. *Estudos de iconologia: temas humanísticos na arte do Renascimento.* 2. ed. Trad. Olinda Braga de Sousa. Lisboa: Editorial Estampa, 1995.

PARMÊNIDES. *Da natureza.* 2. ed. Tradução, notas e comentários de José Trindade Santos. São Paulo: Loyola, 2009.

PAZ, Octavio. *Piedra de sol.* Disponível em: <http://www.poesi.as/op05009.htm>. Acesso em: 09 ago. 2014.

PECORARO, Rossano. Derrida. In: PECORARO, Rossano. (Org.). *Os filósofos: clássicos da filosofia,v. III - de Ortega y Gasset a Vattimo*. Petrópolis: Vozes; Rio de Janeiro: Ed. PUC-Rio, 2009. p. 322-53.

PIAGET, Jean. *O julgamento moral na criança*. São Paulo: Summus, 1994.

PLATÓN. *Fédon*. Trad. Carlos García Gual. Madrid: Editorial Gredos, 1986a. v. III.

PLATÓN. *Fedro*. Trad. E. Lledó Íñigo. Madrid: Editorial Gredos, 1986. v. III.

PLATÓN. *Górgias*. Trad. J. Calongue Ruiz. Madrid: Editorial Gredos, 1983. v. II.

PLATÓN. *Parmênides*. Trad. Isabel Santa Cruz. Madrid: Editorial Gredos, 1998. v. V.

PLATÓN. *Sofista*. Trad. Nestor Cordero. Madrid: Editorial Gredos, 1988. v. V.

RICOEUR, Paul. *Si mesmo como outro*. Trad. Agustín Neira Calvo. Madrid: Siglo Veintiuno Editores de Espanha, 1996.

RICOEUR, Paul. *Tempo e Narrativa*. Tomo III. Trad. Roberto Leal Ferreira. Campinas: Papirus, 1997.

RIMBAUD, Arthur. *Lettre de Rimbaud à Georges Izambard (dite "du Voyant"),13 mai 1871*. Disponível em: <http://www.mag4.net/Rimbaud/Documents.html>. Acesso em: 30 jul. 2009.

RIMBAUD, Arthur. *Lettre de Rimbaud à Paul Demeny (dite "du Voyant"), 15 mai 1871*. Disponível em: <http://www.mag4.net/Rimbaud/Documents.html>. Acesso em: 30 jul. 2009.

SAFRANSKY, Rüdiger. *Nietzsche: biografia de uma tragédia*. Trad. Lya Luft. São Paulo: Geração Editorial, 2001.

SAFRANSKY, Rüdiger. *Schopenhauer y los años salvajes de la filosofía*. Trad. José Planells Puchades. Madrid: Alianza Editorial, 1991.

SCHÄFER, Alfred. *Einführung in die Erziehungsphilosophie*. Weinheim und Basel: Beltz, 2005.

SCHÄFER, Alfred. Imaginary horizons of educational theory. *Educational Philosophy and Theory*, Oxford, UK; Malden, USA, v. 35, n. 2, p. 189- 199, 2003.

SCHILLER, Friedrich. *Cartas sobre a educação estética da humanidade*. Trad. Roberto Schwarz. São Paulo: EPU, 1991.

SCHILLER, Friedrich. Sobre a utilidade moral dos costumes estéticos. In: BARBOSA, Ricardo. *Schiller & a cultura estética*. Rio de Janeiro: Zahar, 2004.

SCHOPENHAUER, Arthur. *O mundo como vontade e como representação*. Trad. Jair Barboza. São Paulo: Ed. Unesp, 2005.

SCHOPENHAUER, Arthur. *Sämtliche Werke I: Die Welt als Wille und Vorstellung I*. Darmstadt: Wissenschaftliche Buchgesellschaft, 2004. v. I.

SCHOPENHAUER, Arthur. *Sämtliche Werk III: Kleine Schriften*. Darmstadt: Wissenschaftliche Buchgesellschaft, 2004. v. III.

SCHOPENHAUER, Arthur. *Sämtliche Werk IV: Parerga und Paralipomena. Kleine philosophische Schriften I*. Darmstadt: Wissenschaftliche Buchgesellschaft, 2004. v. IV.

SCHOPENHAUER, Arthur. *Sämtliche Werk V: Parerga und Paralipomena. Kleine philosophische Schriften II*. Darmstadt: Wissenschaftliche Buchgesellschaft, 2004. v. V.

SEEL, Martin. *Ästhetik des Erscheinens*. München: Carl Hans Verlag, 2000.

SIMMEL, Georg. *Schopenhauer y Nietzsche*. Trad. Francisco Ayala. Buenos Aires: Prometeo Libros, 2005.

SNELL, Bruno. *A descoberta do espírito*. Trad. Arthur Morão. Lisboa: Edições 70, 2003.

SPIVAK, Gayatri Chakravorty. *Pode o subalterno falar?* Trad. Sandra Regina Goulart Almeida, Marcos Pereira Feitosa e André Pereira. Belo Horizonte: Ed. UFMG, 2010.

STEINER, George. *Los logócratas*. Trad. Maria Condor. México: Fondo de Cultura Económica; Ediciones Siruela, 2007.

SZCZEPANSKY, Jens. *Subjektivität und Ästhetik: Gegendiscurse zur Metaphysik des Subjekts im ästhetischen Denken bei Schlegel, Nietzsche und Man*. Bielefeld: Transcript Verlag, 2007.

TARC, Aparna Mishra. Education as humanism of the other. *Educational Philosophy and Theory*. Oxford/UK, Malden/USA, v. 37, n. 6, p. 833-849, 2005.

TODOROV, Tzvetan. *A conquista da América: a questão do outro*. Trad. Beatriz Perrone-Moisés. São Paulo: Martins Fontes, 2003.

WALDENFELS, Bernhard. *Das leibliche Selbst*. Suhrkamp: Frankfurt am Main, 2000.

WALDENFELS, Bernhard. *Der Stachel des Fremden*. Suhrkamp: Frankfurt am Main, 1990.

WALDENFELS, Bernhard. *In den Netzen der Lebenswelt*. Suhrkamp: Frankfurt am Main, 1985.

WALDENFELS, Bernhard. La pregunta por lo extraño. In: SEMINARIO DE METAFÍSICA, 1998, Madrid. *Anales del Seminário de Metafísica*, Madrid: Publicaciones Universidad Compultense, 1998, p. 85-98.

WALDENFELS, Bernhard. *Schattenrisse der Moral*. Suhrkamp: Frankfurt am Main, 2006.

WALDENFELS, Bernhard. *The question of the other*. New York: State University of New York Press, 2007.

WALDENFELS, Bernhard. *Topographie des Fremden: Studien zur Phänomenologie des Fremden I*. Suhrkamp: Frankfurt am Main, 1997.

WELSCH, Wolfgang. Antropologie im Umbruch. *Information Philosophie*. Hamburg, Heft 2, p. 7-15, 2007.

WELSCH, Wolfgang. Esporte visto esteticamente e mesmo como arte? In: ROSENFIELD, Denis (Org.). *Ética e estética*. Rio de Janeiro: Zahar, 2001, p. 142-165.

WELSCH, Wolfgang. Estetização e estetização profunda ou: a respeito da atualidade do estético. Trad. Alvaro Valls. *Porto Arte*, Porto Alegre, v.6, n.9, maio 1995, p. 7-22.

WELSCH, Wolfgang. *Undoing Aesthetics*. London; Thousand Oaks; New Delhi: Sage Publications, 1997.

WELSCH, Wolfgang. *Vernunft: Die zeitgenössische Vernunftkritik und das Konzept der transversalen Vernunft*. Frankfurt am Main: Suhrkamp, 1996.

WELSCH, Wolfgang. Wandlungen im humanen Selsbstverständnis. In: SCHMIDINGER, Heinrich; SEDMAK, Clemens (Hrsg.). *Der Mensch – ein "animal rationale"?* Vernunft, Kognition, Inteligenz. Darmstadt: Wissenschaftliche Buchgesellschaft, 2004. p. 48-70.

WOLFREYS, Julian. *Compreender Derrida*. Trad. Caesar Souza. Petrópolis: Vozes, 2009.

WOLFREYS, Julian. Mudança estrutural nas ciências humanas. *Educação*. Porto Alegre, ano XXX, n. 2 (62), p. 237-258, maio/ago. 2007.

WHITE, Stephen. *Razão, justiça e modernidade: a obra recente de Jürgen Habermas*. Trad. Márcio Pugliesi. São Paulo: Ícone, 1995.

WILLIAMS, Bernard. *Platão: a invenção da filosofia*. Trad. Irley Fernandes Franco. São Paulo: Ed. Unesp, 2000.

WILS, Jean-Pierre. Fremdheit und Identität: Pränormative Mutmassungen. In: WILS, Jean-Pierre. *Orientierung durch Ethik? Eine Zwischenbilanz*. München; Wien; Zurich; Paderborn: Schöning, 1993. p. 131-147.

WITTGENSTEIN, Ludwig. *Investigações filosóficas*. Trad. Marcos G. Montagnoli. Petrópolis: Vozes, 1994.

WULF, Christian. Der Andere. In: In: HESS, Remi; WULF, Christoph (Hg.). *Grenzgänge. Über den Umgang mit dem Einigen und dem Fremden*. Frankfurt, New York: Campus Verlag, 1999.

ZINGANO, Marco. *Estudos de ética antiga*. 2. ed. São Paulo: Discurso Editorial, Paulus, 2009.

ZIRFAS, Jörg. *Die Lehre der Ethik: Zur moralischen Begründung Pädagogischen Denken und Handelns*. Weinheim: Deutscher Studien Verlag, 1999.

ZIRFAS, Jörg. Identitäten und Dekonstruktionen: Pädagogische Überlegungen im Anschluss an Jacques Derrida. In: FRITZSCHE, Bettina; HARTMANN, Jutta; SCHMIDT, Andrea; TERVOOREN, Anja (Hrsg.). *Dekonstruktive Pädagogik*: Erziehungwissenschaftliche Debatten unter poststrukturalistischen Perpektiven. Opladen: Leske+Budrich, 2001. p. 49-63.

A AUTORA

Nadja Hermann é graduada em Filosofia pela UFSM e doutorou-se em Educação pela UFRGS, com estudos complementares (doutorado sanduíche) na Universidade de Heidelberg. Foi professora titular de Filosofia da Educação da UFRGS entre 1997 e 2005. Realizou estágios de pesquisa na Universidade de Heidelberg/Erziehungswissenschaftliches Seminar nos anos de 1998, 1999 e 2005. É pesquisadora do CNPq desde 1997 e atualmente é professora adjunta da PuC-RS. Ensina e pesquisa na área de Filosofia da Educação e Ética.

Publicou *Educação e racionalidade: conexões e possibilidades de uma razão comunicativa na escola* (EDIPUCRS, 1996); *Validade em educação: intuições e problemas na recepção de Habermas* (EDIPUCRS, 1999); *Pluralidade e ética em educação* (DP&A, 2001); *Hermenêutica e educação* (DP&A, 2002); *Ética e estética: a relação quase esquecida* (EDIPUCRS, 2005); *Autocriação e horizonte comum: ensaios sobre educação ético-estética* (Editora da Unijuí, 2010). Publicou também vários artigos e capítulos de livros sobre ética e filosofia da educação.

Este livro foi composto com tipografia ITC Garamond e impresso
em papel Off Set 75 g/m² na Gráfica Paulinelli.